文章が苦手でも

「受かる小論文の」書き方を教えてください。

今道琢也

元NHKアナウンサー
「ウェブ小論文塾」代表

朝日新聞出版

はじめに

● 文章の書き方について、大きな勘違いがある

「来月小論文の試験があるんですが、なんとか指導してもらえませんか」「あさってエントリーシートを出します。私が書いたものを見てください」……。

　私の経営する「ウェブ小論文塾」には、このような依頼が毎日届きます。創業以来、中学生から70代の方まで、実に多くの依頼を受けてきましたが、「文章が書くのが苦手」「どう書いたら良いかわからない」……。皆さんそう話されます。

　私が文章指導をする中で強く感じるのは、文章を書く手順について、多くの方が勘違いをしているということです。第1講で詳しく解説していますが、一番大事なことが、一番おろそかにされています。「文章作成で大事なことは何なのか」、これをお伝えすることが、本書の目的です。新しいアプローチによる文章作成術を、この本でご紹介します。

　そして、この文章作成術は、小論文をはじめ、エントリーシート（ES）、面接カード、レポート試験など様々な文章（実用文）を書く際に活用することができます。

● 文章力は人生を左右します

　文章力は人生を左右するくらい重要です。

　ある方は「何度も教員採用試験を受験しているが、小論文で足切りされてどうしても合格できない」と、切羽詰まった状況で連絡してこられました。答案を拝見したところ、小論文を書く上で

最も大事なところが押さえられていませんでした。

　また、別の方は、「昇進試験の小論文で、毎年不合格になっている。年齢的にももう後がない」と、依頼してこられました。この方の答案も拝見しましたが、自分の答案のどこに問題があるのかを理解しないまま試験を受けていると、合格はできないと感じました。

　志望校に入りたい、教員になりたい、警察官・消防士になりたい、係長や課長に上がりたい、そういう夢や目標が、「文章が書けない」という一点で絶たれてしまうケースが、実はたくさんあります。就職活動でも、あこがれの企業の内定を射止めるために最初に乗り越えなければいけない壁は、エントリーシートによる選抜に通ることです。

　そこまで大きな話でなくても、アルバイト先に出す履歴書、大学でのレポート試験など、文章の提出が求められる場面は多々あります。こういうときも、文章次第で先方が受ける印象や合否が変わってきます。

● 特別な文才は不要です

　小論文、エントリーシート、面接カード、各種申請書……種類は違っても、実用的な文章を書くときに押さえておかなければいけない基本は同じです。本書ではその基本をお教えし、最終的には「誰が読んでも理解できる・納得できる」文章が書けるようになることを目指します。実用文ではそれが一番大事です。小論文でもエントリーシートでも、「誰が読んでも理解できる・納得できる」文章になっていることが大事なのであって、凝った表現や修辞などは一切いりません。そして、そのような文章を書くため

に、特別な文才は必要ありません。

　先ほど例を挙げた、教員試験や昇進試験の受験者も、この方針の下に指導し、見事合格されました。

● 短い文章から始めましょう

　本書では初心者の方を意識し、短い文例を多めに取り入れています。文章を書くときの基本を、まずは簡単な文例で確実に理解してください。短い文章が的確に書けるようになれば、あとはそれを応用してどんな長い文章でも書けるようになります。

　本書の後半では800〜1000字程度の文章も取り入れています。第4講では、段落分けなど、長い文章を書くときの技術を解説しています。段階を踏んで、着実に文章力が身につけられるようにしてあります。また、初心者の方でも読みやすいように、対話形式で、なるべく平易な構成にしました。文章を書く上で最も基本的、かつ大事なことを、できるだけ丁寧に解説しています。

　この本を、進学、就職、昇進試験など様々な場面で活用していただければ幸いです。

ウェブ小論文塾　代表　今道琢也

今道琢也
（いまみちたくや）

教える人

インターネット上で開講する「ウェブ小論文塾」代表。高校時代に独学で文章術を確立する。大学入試、就職試験、いずれも敢えて小論文があるところを受験し、突破する。NHKで15年間アナウンサーとして勤務した後独立し、「ウェブ小論文塾」を開く。小論文をはじめ、エントリーシート、面接カード、各種申請書に至るまで、あらゆる文章の書き方を指導する。受講者は、中学生から企業の管理職、高齢者まで幅広い。信念は「枝葉ではなく、本質を指導する」。

聞く人

もとゆき

大学3年生。AO入試で大学を受験するが、志望理由書や小論文などの提出を課され、四苦八苦する。大学入学後はレポート試験に苦手意識を持っている。近々始まる就職活動ではエントリーシートや小論文が課されると聞き、今から気が滅入っている。

悩みは「原稿用紙に向かっても何をしたら良いかわからない」。

目　　次

文章が苦手でも
「受かる小論文」の
書き方を教えてください。

第 **1** 講　小論文で「一番大事なこと」を教えてください。

1 鍵は問題文の理解にあり

2 出題に沿った答案とは

3 問題文を正しく理解するには?

第 **2** 講　小論文は「どこから」手を
つければいいんですか？

第 **3** 講 小論文で「何を書けばいいか？」がわかりません。

第 **4** 講 「長い文章を上手に書く方法」はありますか？

第 **5** 講　「もっと伝わる文章にするコツ」が知りたいです。

第 **6** 講　「課題文付き問題」って苦手なんですが……。

1　課題文は何のためにある？

2　課題文付きの問題ではどうやって書くの？

3　「課題文への賛否」を述べる場合の注意点

4　「課題文への賛否」は必須？

第7講 「図表・事例を元に書け」も困るんですけど……。

ブックデザイン　山之口正和 + 沢田幸平(OKIKATA)
イラスト　タナカ＊アイコ

第 **1** 講

小論文で
「一番大事なこと」を
教えてください。

1

鍵は問題文の理解にあり

文章作成は一生ついて回ります

 僕、文章を書くのが本当に苦手なんですよ。どうやって書いたら良いか全然わからないんです。

 そういう人はたくさんいますよ。でも、**社会で生きていく上で文章を書くことは避けられない**ですよね。

 高校のときはAO入試の準備で、志望理由書などを学校の先生に何度も見てもらって、なんとかしのぎました。大学に入ったら入ったで、レポート試験が多いので苦労しています。それに、バイトを見つけるための履歴書にも応募動機や自己PRを書く欄がありますよね。あれも苦手です。就職活動でもエントリーシートはどこの会社でも必須と言うし……。

 社会に出てからも、続きますよ。例えば業務報告書、研修報告書などを書くでしょうし、多くの会社では、年に一度、社員に業務目標を書かせて、翌年にそれを総括させるということをやっていますね。

そうなんですか。

　昇給や昇格はそういった書類で決まってくるんですよ。それに昇進試験というのがあって、例えば主任、係長、課長といったポジションに上がるときには小論文が課されることがあります。さらに昇進試験の事前提出書類として、自分の業績や、今後やりたいことなどを文章にまとめて提出させるところもあります。

ひええ……。

　それだけでは終わらないですよ。転職するときは、履歴書や過去の実績をまとめた文章を提出する必要があります。自営業をやっていても、各種補助金、助成金等の申請書などを提出することがあるでしょう。そういえば奨学金の申請書を書きませんでしたか？

　書きました。あそこにも「申請理由」を書く欄があって、どう書いたら良いのか悩みました。

　文章が選抜の材料になる、評価の対象になるという場面は、山のようにあるんです。**社会で生きていく上で、文章を書くことを苦手なままにしていては大損します。**

　そうなんですね……。ぜひとも、書き方を身につけたいです。

17

たいていの人は問題を読んでいない!?

　はい。**ごく基本的なことから解説します**から、安心してください。

　もとゆき君は、試験会場で小論文の問題を手にしたとき、あるいは、エントリーシートや履歴書などを前にしたとき、まず何から始めますか？

　下書きを作る……、いや、書き出しを考えることですかね。

　まずやるべきことは「問題を読むこと」です。

　それって、当たり前すぎますよ（笑）。

　いえいえ、全然当たり前ではないですよ。私の経験から言うと、**半分以上の人は問題を読まずに答案を書いています**よ。

　どういうことですか？？

　例えば、こんな文例を見てください。要点をわかってもらうために、ごくごく簡単な出題と解答例から始めます。

問題 1

あなたが大学時代に挑戦したことについて述べてください。

問題1の解答例

　私は大学時代アルバイトに挑戦しました。自宅の近くにあるコンビニエンスストアのスタッフとして働き、レジ打ちから、商品の陳列、清掃までを手掛けました。初めはわからないことばかりでしたが、店長や先輩にも助けてもらいながら次第に慣れることができました。常連のお客様とも言葉をかわすようになり、「この店があるから助かっている」と言ってもらえました。

　就職試験の小論文、エントリーシートなどでありそうな問題例です。「大学時代」を「高校時代」に変えたら、AOや推薦入試でも出そうですね。この文章を読んでどう思いますか?

　何も問題ないのでは……。

　文章そのものは整っていて、特に問題はないですよね。でも、私が採点するとしたらせいぜい50点というところ

19

ですね。

　どうしてですか？

　だって、問題をよく読んでください。ここで聞いていることは何ですか？

「あなたが大学時代に挑戦したこと」です。

　ここでは、何に注意して書かなければいけないのでしょう？

「注意して書く」というと？

　言い方を変えると、**「問題文のキーワードは何か」**ですね。**それを探るには、問題文の中で省いても構わないところを省いていきます。**「あなたが」というのはわざわざ言われなくてもわかりますよね。残りは「大学時代に挑戦したこと」です。「したこと」も省いても意味はわかります。残ったのは「大学時代」と「挑戦」という言葉です。これはどっちを省いても意味がわからなくなります。

　それがキーワードだということですね。

　はい。「大学時代」の話で、なおかつ「挑戦」したこと、この２つの条件を満たして書かなければならないというこ

とです。先ほどの答案は「大学時代」のことを書いていますから、この点はクリアしています。もうひとつのキーワード、「挑戦」はどうでしょう。この答案は「挑戦」を書いているでしょうか。「挑戦」ってどんな意味ですか？

チャレンジというか、挑むというか……。

そうですね。英語で言えば「チャレンジ」ですが、要するに何か普通とは違うハードルの高いことに挑むときに使いますよね。毎日歯を磨くとか、そういう当たり前のことは「挑戦」とは言いません。

つまり、この問題文を読んだときに「ちょっとハードルが高いことを書かないと駄目だな」と気付かないといけないんです。

なるほど……。

この解答例では、淡々とアルバイト経験を書いてありますが、アルバイトなんて大学生なら誰でもやっているし、「レジ打ち、商品の陳列、清掃」だって、そこで働いているならやるのは当たり前のことですよ。これでは「挑戦」にはなりませんね。

「挑戦」を聞かれているのに、「挑戦」を書いていないんです。「問題を読んでいない」というのはそういうことなんですよ。

そこまで考えていませんでした……。

 まあ、問題を読んでいないはずはないでしょうが、少なくとも「ちゃんと読んでいない」とは言えますね。

2

出題に沿った答案とは

「聞かれていること」に的確に答える

この答案はどうしたら良いんですか？

1つは、ハードルの高いことに挑戦した話を別に探すことです。例えば、学業で高い目標を定めて成果を上げたとか、部活動で頑張って大会で優勝したとか、そういう話があれば言うことはないです。

でも、そんな経験、そうそうないですよ。

もちろん、そうでしょう。もうひとつ方法があります。このアルバイトが、自分にとってハードルの高いものとして書けるなら、それでもいいです。

どういうことですか？

例えば、何事も三日坊主で長続きしない人がいたとして、その人が自分を変えるために、最低でも1年は続けよう、と決意してアルバイトをやったとしたらどうでしょう？

それは、ハードルが高いでしょうね。

 あるいは、人と接することが苦手な人がいたとして、このままでは駄目だから、思い切ってコンビニエンスストアのアルバイトをやってみようと決意して始めたとしたら……。あるいは、どうせバイトをやるなら、店で一番のスタッフになろうと考えて取り組んだとしたら……。

 それぞれに、なかなかハードルが高そうです。

 そういうことであれば、その人にとって立派な「挑戦」になりますよね。では、答案をこんな風に変えたらどうなりますか？

問題１の解答例（修正例A）

　私は何事も三日坊主で続かない人間でしたが、そんな自分を変えようと、最低でも１年は続けると決めてコンビニエンスストアのアルバイトに挑戦しました。初めは辛くて辞めそうになったこともありますが、「ここで逃げたら駄目だ」と言い聞かせ、就職活動が始まるまでの３年間やり通しました。この経験から「自分でもやればできるのだ」という自信を持つことができました。

問題1の解答例（修正例B）

　私は大学時代、コンビニエンスストアでアルバイトを経験しました。入店時、どうせやるなら店で一番のスタッフになろうと考え、そのことに挑戦しました。自分の手が空いたときは率先して他の人の仕事を手伝ったり、お客様の苦情や店内で気になったことは〆モして店長に伝えたりなど、常に自分が何をすべきかを考えて行動しました。最終的には店長から「あなたには一番安心して仕事を任せられる」と言ってもらえました。

　あー、これなら「挑戦感」が出ていますよね。

　「挑戦」というニュアンスがしっかり出るように書けば、アルバイト体験でも全くかまわないんです。**これだったら評価をつける側も、「なるほど、この人は自分なりにこういうことに挑戦したのだな」と納得してくれます。**

　そうか！

問題の意味を、立ち止まって考える

　もう少し例を挙げてみましょう。大学入試や公務員試験などでありそうな出題です。

　　日本は超高齢社会となっています。高齢になっても毎日
活き活きと暮らせる街にするにはどうすれば良いですか。

問題2の解答例

　　平均寿命が80歳を超える中、近年は都市部においても高齢者の孤独死が問題になっている。そこで、地域での高齢者のサポートを活発にしていくべきである。例えば町内会で一人暮らしの高齢者のお宅を定期的に訪問する、郵便受けに郵便がたまっていたら様子を見に行くなどの取り組みを進め、高齢者が安心して暮らせる街を実現すべきだ。

これは、どこがまずいのですか？

まず、この問題は何を聞いていますか？

「高齢になっても毎日活き活きと暮らせる街にするにはどうすれば良いか」ですよね。

この中のキーワードって何でしょう？

「高齢」「活き活き」ですか？

　そうですね。高齢者向けの取り組みであることは絶対条件です。もうひとつ大事なのは「活き活きと暮らせる」の部分です。ここの意味をよく考えましたか。そもそも「活き活きしている人」って、どんな人ですか？

　僕のおばあちゃんがそうかもしれないですね。趣味がいっぱいあって、毎日出かけてますよ。

　そうそう。「活き活き」というのは、「活発に」「エネルギッシュに」とか、そういう意味ですよ。この答案はそういう話になっていますか？

　自宅訪問をしてもらえれば、安心だろうけれど……。

　そこなんですよ。「活き活き」と「安心」がごっちゃになっているんですね。自宅訪問も大事だけれども、それは「安心」につながる話であって、イコール「活き活き」ではないです。それだけでは弱いのです。

　確かに……。

「活き活きと暮らせる」というテーマならば、今言ってもらったように趣味や外出を楽しめるような状態を作ること、例えば「高齢者向けの趣味の教室を開催する」「歌声

喫茶のような高齢者が集える場所を作る」とか、そういうことですよね。**結局、「活き活き」という言葉の意味をよく考えずに書き始めるから、こういう答案になる**んです。

問題2の解答例（修正例）

　平均寿命が80歳を超える中、高齢者が外に出かけたり人と触れ合ったりする場を増やしていくことが重要である。例えば、市内で高齢者向けの趣味の教室を開催したり、商店街の中に高齢者が集える歌声喫茶のような場所を作ったりすると良い。他にも子育て支援のボランティアを募るなどして、高齢者が周囲の人と関わりながら、活き活きと暮らせる街にすべきである。

　最初の答案と読み比べると、こちらの方が断然「活き活き」してますね。

　そうでしょう。**「活き活き」というキーワードを右から左に読み流すのではなくて、「活き活きって何だっけ？」と、立ち止まって考えて欲しい**んですよ。最初の答案はそこができてないんです。このように、多くの人は問題文の理解が曖昧（あいまい）な状態で書き始めているんです。だから失敗するんです。**普段から気になったキーワードは辞書を引く癖をつけておきたい**ですね。

言葉の意味は、スマートフォンでも簡単に調べられますもんね。

カレーを頼んで、パスタが出てきたら……?

　出題の趣旨からそれている答案だと、印象は良くないんですか?

　もちろん良くないですよ。例えば、お店でカレーを頼んだのに、パスタが出てきたらどう思います?

「そんなの頼んでません」と言いたくなります。

　ここに挙げた解答例もその状態です。「そんなこと聞いてません」と。もっとも、「頼んだものと違ったものが出てきたけど、食べてみたら美味しかったので、結果的には良かった」というケースもあるでしょうが、そんなことは稀でしょう。第一、進学や就職、昇進がかかっている場面でそんなリスキーなことはしたくないですよね。

　それはそうですよ。

　出題者は考え抜いて、「こういうことを聞こう」と問題を出しているわけです。そこを理解せずに書いたら、元も子もないですよ。

そうか……。

 例えば、「あなたが大学時代に挑戦したことについて述べてください」であれば、「この人は、どんな風に物事に前向きにチャレンジしてきたんだろう。それをぜひ知りたい」と考えて、出題しているわけです。それなのに、最初の答案（19ページ）のような書き方をしたら、「なんだ、こんな挑戦しかないのか」と思われてしまいますよ。

 そうなると、自分が損しちゃいますね。

ちょっとした「気づき」が合否を分ける

 わかりやすい失敗としてこんな例もあります。昇進試験のケースです。

問題
3

　あなたは職場の課題を何と捉え、それをどう解決していくのか、考えを述べなさい。

問題3の解答例

　私の職場の課題は業務の効率化である。私はこのことに積極的に取り組み、課題解決に貢献してきた。例

> えば職場で不要な業務を洗い出して、廃止や縮小を課長に提言してきた。その結果、会議の削減や一部の事務作業の廃止が実現し、職場全体の労働時間短縮を達成することができた。

　何かがおかしい気がするんですが、うまく言葉で言えません……。

　常に問題文をよく読む癖をつけましょう。ここでは何を聞いています？

「職場の課題を何と捉え、それをどう解決していくのか」ですよね。

　ここで注意したいのは「どう解決していくのか」の部分です。これは、過去、現在、未来で言うと、いつのことを書けと言っていますか？

　これからのことだから……未来ですよね？

　そうです。「どう解決していくのか」というのは、「この先何をやるか」です。でも、この答案は「過去にこういうことをやりました」という話です。いろいろ取り組みをやって、業務の効率化ができたのなら、それはもう解決済みの話で、課題ではないのです。

31

なるほど！

　そうではなくて、「これからの話」を聞いているのです。ですから、解答を書くとしたら「職場には今こういう課題があるから、私は今後こんな風に解決していきます」という話にしないと、答えになりません。
　逆に言うと、この出題が「それをどう解決してきたのか」であれば、過去のことを聞いていますから、この答案でいいんです。

　言われてみれば、その通りですね。

　このような例は、実際によくあるんです。
　以前、ある方から、「昇進試験の小論文で不合格になってしまったので、自分の答案の何がまずいのか教えて欲しい」という相談を受けました。私はその答案を読んですぐ問題点がわかりました。出題が「あなたはこれから何に取り組みますか」という聞き方をしているのに、答案の方は「私はこれまで、こんなことに取り組みました」という、過去の話に終始していました。

　でも、それだと、問いに対する答えにはなっていない……。

　ええ、そうです。

　そこで「この場合は、過去の話ではなくて、この先何を
やるかを書かなければいけないですよ」とアドバイスしま
した。答案の中身そのものはしっかり書けていたので、そ
の点だけをアドバイスしたところ、しばらくして「合格し
ました！」という連絡を頂いたんです。

　本当にちょっとしたことなんですね。

　問題をちゃんと読んでいないと、そういうことが起こり
えます。

　先ほど、「出題の趣旨からそれている答案だと印象は良
くないか」という質問がありましたけど、**聞かれているこ
ととと書いていることが違うと、まず、「注意力がない」と
いう印象を与えてしまいます。**

　採用試験や昇進試験であれば「この人に仕事を任せて大
丈夫かな」と思われるかもしれませんよ。だって、契約書
のような大事な書類でも、書いてあることの意味を取り違
えてしまうかもしれないわけでしょう？　小論文やエント
リーシートでそれを証明してしまっているわけですよ。

　そうなると、本当に損しちゃいますね。

　問題文を理解するというのは、それくらい大事なことな
んです。ここに挙げた問題文の例はごくごく短いですが、
多くの場合、問題文はもっと複雑です。よほど注意深く読
まないと、たいていの場合は出題の意図から外れた答案に

なります。

「論述力」は、「読解力」と表裏一体

 こういう失敗って、割とよくあるんですか？

 割とよくあるどころじゃないですよ！
　下手をすれば３分の２くらいの答案がこういう状態です。もう、答案をめくってもめくっても、みんな「問題を読んでいない」答案です。一日を終えて、「今日は、問題を読んで書いていた答案は一枚もなかったな」と思うこともしばしばです。

 そんなに多いんですね……。

 「文章作成のコツ」というと、皆さん「書き出しはどうするのか」とか、「接続詞はどう使えばいいのか」とか、「書き方」ばかりに注意が向いていますよね。教える側も含めてそうです。もちろんそれも大事ですけれど、その前に<u>「問題を読んで理解する」ことを徹底しないといけない</u>のです。

 それが最初に来なきゃいけないんですね。

 そうです。先に挙げた失敗答案の書き出しや接続詞をどんなにいじっても、良い答案にはなりません。だって、聞

かれていることと違うことを書いているのですから。それに気付かずに、いくら書く練習をしても上達はしません。

　すみません、気付いてませんでした……(笑)。

「書く前に、読みなさい」というのが私の一貫した指導です。そこをクリアした上で、文の書き出しや接続詞の使い方などが問題になってくるんです。そういう意味で、「論述力」というのは、実は「読解力」と表裏一体となっているんです。

　小論文やエントリーシートでは、読解力も大事なわけですね。

特に深刻だと思うのは、問題そのものを頭から無視してしまっている人が結構いることです。
　例えば「今度昇進試験を受けるから、私の書いた答案を指導して欲しい」という相談があり、答案が送られてくることがあります。ところが、送られてきたのは解答のみです。「問題を知りたいのですが、ウェブサイトか何かで公開されていますか。どこで見られますか」と聞くと、「問題は当日発表されるから今はわからない。事前に用意したこの文章を当日書こうと思っているので見て欲しい」と言われるんです。

　ははあ、問題が何かわからないのに解答を書いたと

35

……。

　そうなんです。こういうとき、私はこんな風にお答えしています。

　「ちょっと待ってください。問題がないと、この答案が良いか悪いかは言えませんよ。数学のケースで考えてみてください。【X＝5】という答えだけ持ってきて、『これでいいか見てください』と言われてもできないですよね。【X＋3＝8のときのXの値を求めよ】という問題と一緒に見て、初めて『とても良くできています』と言えますよね。小論文も同じですよ」と。

　数学だったら、答えだけ持ってくるのはあり得ないですもんね。

　問題文がなくても、誤字脱字などなら指摘できますが、それだけではほとんど効果がありません。

　もし出題が、「あなたの考えを何でも自由に述べよ」なら、それでもいいわけですが、小論文試験、エントリーシート等では「こういうことについて書きなさい」と指示があるのが普通です。それを見ないと採点も指導もできません。それ以前に、答案を書くこともできないはずなのですが……。

　「とりあえず起承転結をつけて書けば良い」と思っている人が案外多いんです。**「問題を読んで書く」という基本的なことが、ここまで理解されていないことに相当な危機感**

を覚えています。

　意外な指摘でした。「問題を読む」なんて、当たり前のようで、自分もできていないことに気がつきました。これからは真剣に問題を読むようにします。

　ぜひ、そうしてください。

問題文を
正しく理解するには?

「聞かれていること」の整理から始める

 どうすれば、問題を正しく理解できるんですか?

 そのための方法を説明しましょう。

まず、聞かれていることがいくつあるか整理します。例えば、

「あなたが大学時代に挑戦したことについて述べてください」

この問題には聞いていることがいくつありますか?

 1つですよね。

 そうです。この場合は「あなたが大学時代に挑戦したこと」、これ1つを書けばいいわけですね。そこはわかった上で、キーワードとなる「挑戦」の意味を押さえて書ければOKです。この流れはすでに見てきましたね。

では、次の問題はどうでしょう?

問題
4

　あなたが大学時代に挑戦したことを挙げた上で、そこから学んだことを述べてください。

　2つに分かれていますね。「大学時代に挑戦したこと」「そこから学んだこと」の2つです。

　そうです。**この問題の場合は、「この2つが答えることだな」とまず押さえます。**そして、それぞれの中で「挑戦」「学んだこと」というキーワードを外してはいけないな、と頭に入れて書きます。「挑戦」は、先に述べたように、何かハードルの高いことですし、「学ぶ」の方は、自分にとって収穫になるようなことがあって少し成長したとか、そういうことですよね。そこを押さえて書きます。

問題4の解答例

　私は大学時代、自分の知らない世界を見てみたいと、アジア諸国をバックパッカーとしてまわることに挑戦しました。インドネシアから始まりベトナムやカンボジア、インドなど、10カ国以上を3カ月かけて歩きました。経済発展が著しいと言われる国でも、高層ビル街から少し郊外に入るとスラム街が続いているなど、まだ貧富の差が大きいことを実感しました。特に、街なかでホー

ムレスの子どもたちを見かけたときはショックを受けました。この経験から自分自身で歩き、見ることによってこそ、現地の実情を理解できるということを学びました。

　　　この答案は、点線の下線部が「大学時代に挑戦したこと」、波線の下線部が「そこから学んだこと」にあたります。解答すべき2つのことに、きちんと答えています。
　　そして、前者の内容は、「アジア諸国をバックパッカーとして10カ国以上まわった」ですから、「挑戦」というにふさわしい話ですし、後者も「自分自身で歩き、見ることによってこそ、現地の実情を理解できる」と、自分なりの気づき、収穫が書かれており、「学んだこと」としてふさわしい話です。

　　　出題の指示を、きちっと理解して書けているわけですね。

「踏まえる」ってどういうこと?

　　　次の出題例はどうでしょう?

問題
5

　　グローバル化の進展を踏まえ、今後日本の教育はどう変わっていくべきか、述べなさい。

2つありますか……？

　これはやや難しいですが、直接書くように指示されていることは1つです。「今後日本の教育はどう変わっていくべきか」です。ただし、それを書く上での条件として、「グローバル化の進展を踏まえ」という指示がある状態です。

　「踏まえ」ってどういう意味でしたっけ？

　「踏まえ」は、「踏」という漢字からわかるように、もともとは「踏んづける」という意味ですが、そこから意味が広がって、「このことをしっかり頭に入れて、その上に立って書きなさい」とか、そういった意味になりますね。

　なるほど。「グローバル化が進展していることを頭にしっかり入れて、その上に立って、今後日本の教育はどう変わっていくべきか、述べなさい」と。

　そうです。出題が「今後日本の教育はどう変わっていくべきか述べなさい」だけであれば、例えば「少人数学級にして、一人ひとりの子どもに目が行き届くようにすべきだ」とか、「子どもたちの読解力が落ちているので、国語教育に力を入れるべきだ」とか、いろいろな解答が考えられます。しかし、「グローバル化の進展を踏まえ」という

条件がつけられているわけですから、「グローバル化の進展」を意識した話でなければいけないのです。

問題5の解答例

　グローバル化の進展により、今後ますます海外の人と一緒に仕事をしたり、身近なところで接したりすることが多くなる。このため、英語の教育にさらに力を入れていく必要がある。また言葉だけでなく、授業の中で日本と外国の文化を学び、それぞれの特徴や違いなどについて理解することにも力を入れるべきである。

　この解答は「グローバル化が進展するから、英語や各国の文化を学ぶことに力を入れるべきだ」と、出題の条件をきちんと理解して書けています。

　こういう出題は多いですか？

　よくありますね。**「課題文の主張を踏まえて、あなたの意見を述べなさい」「人口減少社会であることを踏まえて、今後の街づくりはどうあるべきか述べなさい」「職場の活性化にどう取り組むか、係長としての役割を踏まえて述べなさい」** など、**頻繁に出題されます。**

　出題が複雑になってくると、ますます理解できなくなり

そうです。

　だからこそ、**どんなときも出題の意図をきちっと理解する癖をつけてください。**

複雑な問題も分析すれば理解できる

　最後にもう少し複雑な問題を見てみましょう。

> **問題**
> **6**
>
> 　子どもたちの社会性を育むことの意義を指摘した上で、教員としてその育成にどのように取り組んでいくか述べなさい。ただし、小学校に即した内容にすること。

　教員採用試験に出そうな問題ですが、まずは、聞いていることがいくつあるか整理しましょう。

　少し難しいですね……。聞いていることは「子どもたちの社会性を育むことの意義を指摘」「教員としてその育成にどのように取り組んでいくか」の2つですね。「小学校に即した内容にすること」も、聞いていることですか？

　「小学校に即した内容にすること」は、答案を書くときの条件ですね。

答えるべきことを整理すると、

① 「子どもたちの社会性を育むことの意義を指摘」
② 「教員としてその育成にどのように取り組んでいくか」
＊解答の条件 「小学校に即した内容にすること」

こうなります。直接書くことは①、②ですが、解答する上での条件として「小学校に即した内容にする」があるということです。

「即した」とは？

「即した」は、「きちっと一致させる」とか、そういう意味です。「踏まえる」と似ています。この場合「小学校」にきちっと合わせた内容にしなければいけないのです。

答案のどこでそれを意識すれば良いのですか？

解答では2番目に「教員としてその育成にどのように取り組んでいくか」を書きますよね。このとき、中学校が対象になるような「社会性の育成」を書いても駄目で、小学校にふさわしい内容を書くということです。それともうひとつ気をつけたいキーワードがあります。

「社会性」ですよね。

お見事、その通りです。「社会性がある人・ない人」といった使い方をしますが、要は「他の人と関わってうまくやっていける」とか、そういった意味ですよね。小学校での社会性の育成であれば、あまり難しい指導はできないですから、ごく基本的な挨拶の励行とか、そういうところから始めるべきでしょう。そこを押さえた上で、こんな答案にしたらどうでしょう。

問題6の解答例

　子どもたちは成長するにつれ、クラスメイト、部活の先輩後輩、近所の人など様々な人と関係性を作っていくことになる。このため早い段階から、周りの人と関わり、協力し合いながら生きていく、社会性を育んでいくことが重要である。小学生は基本的な社会性を育む時期である。そのため、まず、毎日挨拶をきちんと行うように指導したい。さらに、ペアまたはグループによる調べ学習などに取り組ませる、あるいは係の仕事をグループで責任を持たせやり遂げさせる、といった指導を行い、人と協働して物事に取り組む力をつけさせたい。

　上記の答案では、点線の下線部で、①「子どもたちの社会性を育むことの意義を指摘」に答え、波線の下線部で、②「教員としてその育成にどのように取り組んでいくか」に答えています。さらに、取り組みが小学校向けのごく初

45

歩的な内容で書かれています。

きっちり出題の指示を満たしていますね。

問題が複雑になればなるほど、何が問われているのかしっかり分析して、それに沿って答えることが大事です。

問題文の理解はすべての教科の成績に関わる

これって、他の教科でも大事そうですね。

とても良いことに気付きましたね。英国数理社、どんな試験でも問題文がついています。国語であれば「傍線部について筆者はどのように説明しているか、本文中の表現を用いながら述べよ」とか、数学であれば、「Xが……であり、Yが……であるとき、……となることを証明せよ」といった問題が出ますよね。

あります、あります。数学の問題なんて、一見しただけでは何を言っているのかわからないことがあります。

これまで見てきたように、**問題文の理解は、解答を考える上で決定的な意味を持っています。これはどんな教科でも同じですよね。問題文の意味を正確に押さえることができなければ、答えにたどり着くことができません。**なかなか成績が伸びない人は、案外そこに原因があるのかもしれ

ません。

　そこまで考えて読んでいませんでした。

　入試だけの話ではないですよ。大学のレポート試験でも、社会人になって書く各種の文章も、先方から「これについて書いてください」という指示書きがあることが多いはずです。それをきちんと理解することが第一歩です。

　よくわかりました。

【気をつけて！よくある失敗例①】
問題の意味を取り違える

　問題の意味を取り違えて書いている答案はたくさんあります。ここでは、よくある失敗例を列挙しますので、答案を書くときの参考にしてください。

例1

× 「社会の中で法学が果たす役割は何か」を聞いているのに、ひたすら「私はこういう理由で法学を勉強したい」と書いている答案。

例2

× 「あなたは県民のためにどのようなことに取り組みたいか」を聞いているのに、自分が取り組みたいことというよりも、行政全体として取り組むべきことを書いている答案。

例3

× 「採用されたらどんな仕事に取り組みたいか」を聞いているのに、「私はこういう面でこの仕事に向いている」と答えている答案。

例4
× 「これまでの実績を<u>簡潔に述</u>べた上で、今後やってみたいことについて論じてください」と聞かれているのに、これまでの実績を長々と書いて、「今後やってみたいこと」は簡単に書いてしまっている答案。

例5
× 「職場での情報共有にどう取り組むか」を聞いているのに、職場での挨拶を心がけるなど、<u>情報共有とは言えないこと</u>を書いている答案。

第 **2** 講

小論文は
「どこから」手をつければ
いいんですか?

1

どんな手順で書けばいい？

基本は5段階　文章作成の手順

　　問題文を理解する重要性はわかったんですが、それ以外に何をすれば良いのか……、文章を書くときの基本的な手順を知りたいです。

　　はい。その点について、説明しましょう。次のような例題を用意しました。

> **問題 7**
>
> 　あなたが主体的に物事に取り組んだ事例を挙げ、それを今後の仕事にどのように活かせるか述べなさい。

　　どういう試験で出そうですか？

　　採用試験であれば、新規・中途を問わずよくある出題ですし、昇進試験でも出そうですね。「仕事」を、「学生生活」に変えれば、AO・推薦入試にだって出題されますよ。
　　まずは、この基本的な問題を元に考えていきましょう。これから下書きを作って、文章を作成していきますが、次

のような手順を踏むと良いです。

小論文を書くときの手順

❶ 問題文の整理・理解
❷ 答案を構成するブロックを考える
❸ 材料集め
❹ 話の並べ替えや重み付け
❺ 文章としてまとめる

❶は第1講で出てきましたね。

ええ、**❶では、問題で聞かれていることがいくつある かを整理し、その中で何がキーワードになっているかを理 解します。**❷についても第1講の後半で少し解説しました ね。**❷では、問題を受けて、答案をどういうブロックで 構成するのかを考えます。**

これらの考え方はどんな文章を書くときにも役立ちます よ。

聞かれた順番に書けばいい

文章は「起・承・転・結」で書けばいいって聞いたこと があるんですけど。ブロックって、この「起」とか「承」 にあたるもののことですか？

まあ、そういうものだと考えていいです。

ここでいう**ブロックとは、文章を大きく分けてどういう流れで構成していくのか、その構成要素のこと**です。**答案を書くときには、まず、この話を書いて（1つ目のブロック）、次はこの話を書く（2つ目のブロック）というように、話の大まかな流れを考える必要があります。**

ただ、私は「起・承・転・結」の考え方はお勧めしません。この順番でうまくいく場合もあるでしょう。でも、そうでない場合も多々あります。それは、問題がどういう指示になっているかによります。だから、「起・承・転・結」は、一度忘れてください。

わかりました。でも、そうすると、具体的なブロックがイメージできません。

そうですよね。そこで大事になるのが、❶の「問題文の整理・理解」の作業です。**問題で聞かれていることを整理すれば、何を書くべきか、ブロックが見えてきます。実は、小論文やエントリーシートなどは、基本的に聞かれた順番に書いていけばいいん**です。

先ほど挙げた例題では、何を聞いていますか？

「あなたが主体的に物事に取り組んだ事例」「それを今後の仕事にどのように活かせるか」の2つのことを聞いてますよね。

そうですね。ですから、この場合の答案は、「あなたが主体的に物事に取り組んだ事例」と「それを今後の仕事にどのように活かせるか」という2つのブロックで答案を構成することになります。答案の大まかな流れとしては、こうなります。

問題7の答案を構成する2つのブロック

　◎私が主体的に物事に取り組んだこととして、こういう経験がある……

　◎この経験は、今後の仕事にこのように活かすことができる……

　あれこれ悩まず、聞かれた通りに書けば良いんですね。

　ええ、そうです。
　ただし、「課題解決型」の問題が出された場合などは、直接聞かれたこと以外の要素をプラスして書いた方が良いんです。これは話が複雑になるので、後で説明します。

2　下書きの材料集めが大事!

「答案にどんなことが書けるか」材料を集める

 わかりました。❸の「材料集め」は何をするんですか?

 ❸では、各ブロックの中に何を書いたら良いか、材料を集めます。「下書き作り」です。

　ここでは、聞かれている、

　「あなたが主体的に物事に取り組んだ事例」
　「それを今後の仕事にどのように活かせるか」

という2つについて、書く材料を集めます。

　どんなことが書けそうか挙げてみてください。まずは、考えられる大まかな内容を挙げてもらえれば良いです。

 とりあえず、こんな感じかなと思うんですけど……。

● 「あなたが主体的に物事に取り組んだ事例」……ゼミの幹事をやった
● 「それを今後の仕事にどのように活かせるか」……会社でも積極的な姿勢で仕事ができる

なるほど。これなら答案として書けそうですね。では、**中身をもっと具体化し、書く材料を増やしていきましょう。**まず、初めの項目です。

> ●「あなたが主体的に物事に取り組んだ事例」……ゼミの幹事をやった

 ゼミの幹事って、具体的に何をやったんですか？

 大したことではないんですけど、とりあえずメンバーの気心が知れた方が、運営がうまくいくかなと思って食事会を開いたとか、あとは発表がスムーズに進むようにしたとか。

 それを書き込むと、こんな風になりますね。**下書きは、箇条書きで書き出します。**見出しをつけながら書いていくと、わかりやすいですね。ここでは、ブロックに相当する見出しには◎をつけました。ブロックの内容をさらに掘り下げる見出しには○をつけています。見出しが目立つように下線も添えました。

問題7の下書き例（その1）

◎　あなたが主体的に物事に取り組んだ事例

・　ゼミの幹事をやった。

○　具体的には何をした？

- ・　メンバーの気心が知れるように食事会を開いた。
- ・　発表がスムーズに進むようにした。

　**具体化の作業では、読む人の頭の中にイメージが浮かぶ
ようにしたい**ですね。「発表がスムーズに進むようにし
た」って、さらに具体的に言うと何をやったんですか。

　発表が近づいている人には「準備は順調に進んでい
る？」とか、声かけをしました。忘れている人もいるの
で。あと、急に欠席者が出る場合は、他のメンバーに連絡
をして順番の調整をしたとか……。

　じゃあ、それも書き入れましょう。もっと具体的になり
ますね。

　食事会は何を食べたとかそういうことも書いた方が良い
ですか？

　それは、書かなくても良いです（笑）。**なぜ書かなくて
良いかというと、最初のブロックでは何を聞かれているか
を考えればわかります。**

「あなたが主体的に物事に取り組んだ事例」を聞いていま
すよね。

そうです。この中のキーワードって何ですか？

 ああ、第1講でやりましたね。「主体的」が大事ですよね。

 そうです。だから「主体的」というキーワードに関わることは具体的にします。

「発表が近づいている人に準備が順調に進んでいるか声かけした」「欠席者が出る場合に順番の調整にあたった」というのは、ゼミの幹事として主体的に動いているな、という印象を与えますよね。だから具体的に書きます。**一方で、何を食べたかは、特に主体性に関係ないので、書く必要はない**です。

今の段階では、こうなりますね。グレーの網がかかっているところが、新たに追加・変更した部分です。

―――――― **問題7の下書き例（その2）** ――――――

◎　あなたが主体的に物事に取り組んだ事例

・　ゼミの幹事をやった。

○　具体的には何をした？

・　メンバーの気心が知れるように食事会を開いた。

・　発表がスムーズに進むようにした。発表が近づいている人に準備が順調に進んでいるか声かけした。欠席者が出る場合は、他のメンバーに連絡をして順番の調整にあたった。

材料集めでも「問題の意味」をよく考える

 ただ、これでもまだ弱いです。**出題者は受験者の「主体的」な姿勢を知りたいからこの問題を出しています。だから、そこをしっかり答案で印象づけないと駄目です。**改めて聞きますけれど「主体的」ってどういう意味ですか？

 キーワードは調べた方が良いですよね。すぐ調べます……。主体的って、人からやれと言われたからやるのではなく、「自分からやろう」という姿勢ですか？

 そうです。そういうニュアンスをもっと出したいです。幹事は誰かにやれと言われたんですか？

 いや、誰も立候補しなかったんで、じゃあ、僕がやろうかなと手を挙げたんです。

 それ、ぜひ入れましょうよ。一気に「主体的」になりますよ。食事会も、もとゆき君からやろうって言い出したんですね？

 はい。

 じゃあ、単に「食事会を開いた」じゃなくて、「食事会を私が提案しました」という書き方の方が、自分が動いたという感じが出ませんか？

言われてみればそうですね。

こうやって、できるだけ「主体的」というニュアンスが前に出るようにするんですよ。**あと、具体的な成果、評価を付け加えた方が良い**ですね。教授はゼミの活動について何か言っていませんでしたか？

確か、「例年になく活発なゼミになったね」と言ってました。

じゃあ、それも入れましょう。

問題7の下書き例（その3）

◎　あなたが主体的に物事に取り組んだ事例

・　ゼミの幹事に自ら手を挙げて、担当した。

○　具体的には何をした？

・　メンバーの気心が知れるように、食事会を私が提案した。

・　発表がスムーズに進むようにした。発表が近づいている人に準備が順調に進んでいるか声かけした。欠席者が出る場合は、他のメンバーに連絡をして順番の調整にあたった。

○　具体的な成果・評価

・　教授から「例年になく活発なゼミになった」と言ってもらえた。

「具体化」で書く内容を充実させる

 こうやって、「あなたが主体的に物事に取り組んだ事例」のブロックに書けそうなことを、どんどん出していくことが、「材料の具体化」という作業です。

 だんだん、書く内容が充実していきますね。

 もうひとつの、「それを今後の仕事にどのように活かせるか」についても、やってみましょう。この経験はどう活かせそうです？

 こういう経験があることで、仕事の面でも、前向きに取り組めるのかなあと。

 もう少し、具体的にしたいですね。社会人経験がないのでイメージしにくいとは思いますけど、アルバイトはしたことがあると思います。仕事をするときに、どういう場面で前向きな姿勢が活きると思います？　想像してみてください。

 アルバイトでもそうですけど、「これをやって」と言われるのを待つのではなく、自分から手を挙げて「やります」という姿勢は大事だと思います。ボーッとしてたら、周りの仕事はどんどん先に進んでいきますし。「自分がやるべきことは何か」を考えて行動できるようになるのかな

と思います。

　　それくらいまで材料が出てきたらいいですね。そうすると、下書きはこんな風になります。なお、**「材料集め」はとても重要な作業ですので、次の第3講でさらに詳しく解説します。**

────── **問題7の下書き例（その4）** ──────

◎　①あなたが主体的に物事に取り組んだ事例
・　ゼミの幹事に自ら手を挙げて、担当した。
○　具体的には何をした？
・　メンバーの気心が知れるように、食事会を私が提案した。
・　発表がスムーズに進むようにした。発表が近づいている人に準備が順調に進んでいるか声かけした。欠席者が出る場合は、他のメンバーに連絡をして順番の調整にあたった。
○　具体的な成果・評価
・　教授から「例年になく活発なゼミになった」と言ってもらえた。

〈ブロック1〉

◎　②それを今後の仕事にどのように活かせるか
・　仕事に対して自分から積極的に手を挙げて担当させてもらう。
・　自分がやるべきことは何かを考え行動する。

〈ブロック2〉

これくらい材料があったら、文章としてまとめられそうですね。

　その前に、もうひとつやっておきたい作業があります。

3

話の順番を決めて、完成へ

大事なこと、言いたいことを、「先に」「多めに」書く

　文章を書き始める前に、❹の作業、「話の並べ替えや重み付け」をやりましょう。**❹は、❸の作業をやっているときに一緒にやるか、その前の段階で考えても良いのですが、初心者の方は、ある程度材料が出てからやった方がわかりやすいので、敢えて❹に置いています。**慣れてきたら❸と同時並行でやってもかまいません。

　何をすれば良いですか？

　答案に書くことには、「とても大事」な話もあれば、「そこそこ大事」レベルの話もありますよね。例えば「あなたは採用後（あるいは入学後）、どんなことに取り組みたいか」という出題があったとしましょう。「とてもやりたいこと」「そこそこやりたいこと」の両方を答案に書くとして、どちらから先に書きますか？

　それは、「とてもやりたいこと」から先に書くでしょうね。

そうです。大事なこと、言いたいことから先に書く方が自然ですよね。順番だけでなく、書く分量としても「とてもやりたいこと」に、多めに字数を割く方が自然ですよね。このように、**答案を書くときは、大事なこと、言いたいことを、「先に」「多めに」書く方が効果的**です。

納得です。

ここで、1つ目の「あなたが主体的に物事に取り組んだ事例」の内容を見てください。ゼミの幹事として具体的に取り組んだこととして、

● メンバーの気心が知れるように、食事会を私が提案した。
● 発表がスムーズに進むようにした。発表が近づいている人に準備が順調に進んでいるか声かけした。欠席者が出る場合は、他のメンバーに連絡をして順番の調整にあたった。

この2つが挙げられていますよね。どっちが大事でしょう?

個人的には食事会が楽しかったんですが……。

ゼミの目的が、「みんなが仲良くなること」であれば、それを先に持ってきて良いでしょう。でも、ゼミの目的は、調べたことを発表したり、議論したりすることですよね。その目的に直接関係があるのは、「発表がスムーズに

進むようにした。発表が近づいている人に準備が順調に進んでいるか声かけした。欠席者が出る場合は、他のメンバーに連絡をして順番の調整にあたった」の部分ですね。そちらの方が大事ですから、先に書きましょう。書く分量もそちらの方に多めに割くようにします。

問題7の下書き例（その5：最終版）

◎　①あなたが主体的に物事に取り組んだ事例
・　ゼミの幹事に自ら手を挙げて、担当した。
○　具体的には何をした？
・　発表がスムーズに進むようにした。発表が近づいている人に準備が順調に進んでいるか声かけした。欠席者が出る場合は、他のメンバーに連絡をして順番の調整にあたった。
・　メンバーの気心が知れるように、食事会を私が提案した。
○　具体的な成果・評価
・　教授から「例年になく活発なゼミになった」と言ってもらえた。

ブロック1

◎　②それを今後の仕事にどのように活かせるか
・　仕事に対して自分から積極的に手を挙げて担当させてもらう。
・　自分がやるべきことは何かを考え行動する。

ブロック2

ちなみに、①の「あなたが主体的に物事に取り組んだ事例」、②の「それを今後の仕事にどのように活かせるか」、この2つの順番は検討しなくていいんですか？

　①②の順番は出題の指示によって決めた順番ですから動かしません。**検討しなくてはならないのは、ブロックの中身を、どのような順番で書く**かです。
　また、全体の**字数配分についても、検討の余地があります。**①と②どっちに字数を割きますか？

　同じくらいが良いのかな……。

　どちらも大事なことですから、同じ分量にできるならそうしても良いです。ただ、今は入社前なので、採用後どこに所属して具体的にどんな仕事をするかなんてまだわからないですよね。今の立場だったら、①の方が詳しく書けますから、①が多めで良いでしょう。
　でも、例えば「筆者の考えを要約した上で、あなたの考えを述べよ」のような出題だったらどうでしょう？

　それは「あなたの考え」の方が大事ですね。

　そうです。この場合は「あなたの考え」をメインにして書きます。要約の方が多いというのはあり得ません。

　出題の意図をよく考えるわけですね。

字数配分については、「必ずこの割合で書け」というような法則はないので、**出題をよく読んで、大事なところに字数を多めに配分するということになります。**迷ったときは常に出題に戻り、その意図をよく考えるようにします。

　ここまでできたら、❺の「文章としてまとめる」作業を行います。

これで文章完成!

問題7の解答例

　私は大学のゼミで、自ら手を挙げて幹事を務めました。ゼミの発表が円滑に進むように、発表が近づいている人には準備が順調に進んでいるか、声かけを欠かさないようにしました。また、急に欠席者が出る場合は、ゼミのメンバーに連絡をして順番の調整にあたりました。さらに、メンバーの気心が知れることも大事だと考えて、食事会を開くことを私が提案し、授業の時間以外でも親睦を深めました。この結果、教授からは「例年になく活発なゼミになった」と評価してもらえました。

　この経験は入社してからの仕事に活かすことができます。例えば、仕事に対して自分から積極的に手を挙げて担当させてもらう、業務の動きを見ながら自分がやるべきことは何かを考え行動する、などです。このような主体性を持って仕事に取り組んでいきます。

この答案では、第1段落で「あなたが主体的に物事に取り組んだ事例」について答え、第2段落で「それを今後の仕事にどのように活かせるか」について答えています。「自ら手を挙げて」の部分をはじめ、幹事としていろいろな行動・提案をしているところに主体性が感じ取れます。良く書けていると言っていいです。

　こういう手順を踏んで文章を書いていくんですね。

　ここではごく短い文章を作成しましたが、文章が長くなってもこの手順は同じです。次は少し長めの文章を書いてみましょう。

4

「課題解決型」の問題で 注意すべきこと

「聞かれていること」にプラスして答える場合もある

文章を書くときは「聞かれていること」を元に構成を立ててていくのが原則です。ただ、この原則を少し変えた方が良い場合もあります。特に、公務員・教員試験、昇進試験でそういうケースがあります。

それは、どんな場合ですか？

例えば、次のような出題を考えてみましょう。

問題
8

　自治体として市民の文化活動の振興にどう取り組んでいくべきか述べよ。

　公務員の採用・昇進試験でありそうな問題です。この場合、聞かれていることはいくつありますか？

「自治体として市民の文化活動の振興にどう取り組んでい

くべきか」の1つだけですよね。

そうです。1つだけです。手順の2番目の「答案を構成するブロックを考える」としたらどうなります？

「自治体として市民の文化活動の振興にどう取り組んでいくべきか」、このブロックだけということになりますよね。

原則論から言うとそうなります。ただ、解答字数にもよりますが、この場合は他の要素も加えた方が良いですね。

どういうことですか？

先に完成例を見た方がわかりやすいので、そちらを見てみましょう。

問題8の解答例

文化活動の振興は、市民の余暇の充実、生涯学習の推進につながるものである。また、文化活動を通じて様々な人と触れ合うことにより、地域コミュニティが育成される。このように、文化活動は、市民生活を豊かにし、人々の結びつきを深めるものであり、本市としても積極的に取り組んでいく必要がある。そのために以下のことに力を入れるべきである。

1つ目は、市が主体となって、文化活動に参加できる

機会を広げることである。例えば、市民の中から経験豊かな講師を探して、絵画教室、俳句教室などを開催すると良い。市民プラザ、公民館などで開催し、市民が気軽に参加できる機会を作っていく。また、年に一度、市主催の文化祭を開催し、絵画、書道などの市民の作品展示、合唱などを披露できる機会を設けると良い。目標を持つことで、作品作りや練習にも力が入り、充実感を持って取り組んでもらえる。

　2つ目は、市民の文化活動に対して、割安で利用できる場所を提供することである。市内には囲碁サークル、郷土史研究会など、それぞれ関心のある領域で独自の活動を行っているグループがある。こうした文化活動を行う団体に対しては、市営のホール、会議室などを割安の料金で借りられる制度を作るべきである。既存の団体が活動しやすくなると共に、新しいグループの創出にもつながる。

　音楽、文芸、歴史などに親しむことは、市民の暮らしを豊かにする。市として以上のことに取り組み、市民の文化活動が盛んな〇〇市を実現すべきである。

この答案は、3つのブロックから成っています。

ブロック1

◎文化活動の振興の意義、それが求められる背景

・第1段落

ブロック2

◎市民の文化活動を振興するための取り組み

・第2段落：市が主体となって、文化活動に参加
　できる機会を広げる

・第3段落：市民の文化活動に対して、割安で利
　用できる場所を提供する

ブロック3

◎まとめ：最終段落

　　あ、今気付いたんですけど、「ブロック＝段落」になる
とは限らないんですね。

　　良いところに気がつきましたね。そうです。**ブロックと
は、段落ではなくて、「こういうことを書く」という答案
の構成要素のことです。1つのブロックの中の話が長く
なった場合は、さらに段落で分割することがあり得ます。**
　　ここでは、「市民の文化活動を振興するための取り組み」
のブロックの中で、さらに「市が主体となって、文化活動
に参加できる機会を広げる」「市民の文化活動に対して、
割安で利用できる場所を提供する」の、2つの段落に分け
て書いてあります。その方が読みやすいですから。

なるほど。

 そして、ここで注目して欲しい点があります。問題で聞かれている「市民の文化活動を振興するための取り組み」の前に、「文化活動の振興の意義、それが求められる背景」が、付け加えられています。**直接問題で聞かれていないことがブロックとして付け加えられています**よね。

「課題解決型」の問題は「序論・本論・結論」が基本

 なぜ、これが加わったんでしょう？

 こういう**「課題解決型」の出題、つまり「何らかの取り組みを書く」出題で、聞かれていることが1つしかない場合は、「問題の背景」などを押さえた上で、取り組みを書いた方が良い**んです。

　公務員試験では、「防災対策をどう進めるか」「ごみの削減にどう取り組むか」といった社会的な課題がよく取り上げられます。あるいは昇進試験の場合は「職場のコミュニケーションの活性化のためにどう取り組むか」「個人情報の保護にどう取り組むか」など、職場や企業としての課題が取り上げられます。

　こうした問題の場合、いきなり「取り組み」から書き始めると、唐突な印象になってしまうんです。先ほどの解答例から第1段落を取り去った文例を見てください。

問題8の解答例（今ひとつな例）

　市民の文化活動の振興のために力を入れるべきことの1つ目は、市が主体となって、文化活動に参加できる機会を広げることである。例えば、市民の中から経験豊かな講師を探して、絵画教室、俳句教室などを開催すると良い。市民プラザ、公民館などで開催し、市民が気軽に参加できる機会を作っていく。また、年に一度、市主催の文化祭を開催し、絵画、書道などの市民の作品展示、合唱などを披露できる機会を設けると良い。目標を持つことで、作品作りや練習にも力が入り、充実感を持って取り組んでもらえる。

　2つ目は、市民の文化活動に対して、割安で利用できる場所を提供することである。市内には囲碁サークル、郷土史研究会など、それぞれ関心のある領域で独自の活動を行っているグループがある。こうした文化活動を行う団体に対しては、市営のホール、会議室などを割安の料金で借りられる制度を作るべきである。既存の団体が活動しやすくなると共に、新しいグループの創出にもつながる。

　音楽、文芸、歴史などに親しむことは、市民の暮らしを豊かにする。市として以上のことに取り組み、市民の文化活動が盛んな〇〇市を実現すべきである。

確かに、初めの答案例に比べると、冒頭部分が物足りない感じがします。

　そうでしょう。一般的に公務員試験や教員試験では、聞いていることが2つある出題と、1つだけの出題があります。

●聞いていることが2つある出題例

「①本市の抱える課題を指摘した上で、②その課題解決にどう取り組んでいくべきか述べなさい」

●聞いていることが1つだけの出題例

「①自治体として市民の文化活動の振興にどう取り組んでいくべきか述べよ」

　1つ目の出題例のように、二段構えの出題の場合は、出題通りの順番で書けばいいですね。まず「本市の抱える課題」を書いてから「どう取り組んでいくか」に入りますので、唐突感がありません。

　一方で、2つ目の出題例のように、「自治体として市民の文化活動の振興にどう取り組んでいくべきか」だけだと、「取り組みだけ」を書くことになってしまいますね。その場合、先ほど見たようにやや唐突になります。

　ですから、<u>「取り組みだけ」を聞くような出題のときは、冒頭で「問題の背景」について触れた方が良いんです。よく「序論・本論・結論」と言いますけど、その書き方です</u>

ね。社会問題や業務上の課題を書くときは、たいていの場合、そこに「問題の背景」というものがあります。

「問題の背景」とは？

　例えば、「防災対策をどう進めるか考えを論じなさい」という出題であれば、それが求められている背景として「首都直下地震や南海トラフ地震の危険が迫っている」「台風が巨大化して被害が想定を超えるものになっている」といったことがあります。
　そこで、例えばですが、

> 「わが国では、将来、首都直下地震や南海トラフ地震が発生する危険が指摘されている。これらの地震が発生すると、広範囲にわたって人的、物的な被害が出ると言われている。そこで、行政としても住民の安全を守るために、早急に防災対策に取り組む必要がある。具体的には以下のことに力を入れるべきである。
> 　１つ目の取り組みは、津波対策を強化することである……」

このように取り組みの中身に入る前に、防災対策がなぜ大事なのかを指摘します。

　なるほど。大地震の危険性が迫っているからこそ、こういうことに取り組むことが大事なんだってわかりますね。

あるいは、昇進試験で「職場のコミュニケーションの活性化をどう進めるべきか述べよ」と出題されたら、答案冒頭でコミュニケーションが求められている理由を考察します。職場のコミュニケーションが活性化すれば、意思疎通が活発になって、仕事上のミスやトラブルを防ぐことができますよね。

　ええ、バイトでもミスが起きないようにお互いに声かけすることが大事です。

　そこで、

　「職場のコミュニケーションを活性化することは、社員の意思疎通を活発にし、ミスやトラブルを防ぐ効果がある。特に、私の職場では医薬品を扱うため、コミュニケーションを十分にとって、間違いが起きないようにすることが重要である。このことを踏まえ、私は職場のコミュニケーションの活性化のために、次のようなことに取り組みたい。
　１つ目として、日常的な声かけを活発にしたい……」

このような書き方をします。

　本題の「取り組み」を書く前に、軽く前置きをつけるんですね。

　そうです。**「課題解決型」**の出題には、**「なぜそれに取り**

組む必要があるのか」という、「問題の背景」となるものがあります。そこを書いた上で取り組みに入った方が、内容が深まって納得感が得られます。

　もっとも、字数が300字くらいしかなかったらそこまで書けませんが、小論文試験は通常800〜1200字くらいはありますので、「問題の背景」をつけると良いです。

　なるほど。逆に「課題解決型」でない場合は、つけなくて良いんですか？

　はい。「課題解決型」でない出題としては、例えば、「あなたが本学を志望する理由を述べなさい」「あなたがこれまで一番頑張ったことについて述べてください」などが考えられます。

　こういう個人的なことを聞かれている場合は、問題の背景も何もないですよね。志望理由なんて、「私が入りたいから」、以外にないわけですから。

　それはそうです。

　そういう場合は、前置きは不要で「私が貴学を志望する理由はこうだ」「私が頑張ったことはこうだ」と、単刀直入に入った方が良いんです。

一定の長さの答案には「まとめ」のブロックをつける

 あと、さっきの答案では、最後に全体のまとめのブロックがついていましたね。

 はい。**ある程度の長さの答案は、最後に全体を通して言いたいことをまとめたブロックをつけた方が良いです。それによって、読み手としては「しっかりまとまったな」という印象を持つ**んです。

また、長い答案になるといろいろな話が出てくるので、「私が言いたいことは最終的にこうです」と念押しする意味もあります。

 どれくらいの字数であれば、まとめのブロックをつけた方が良いんですか？

 そうですね。**はっきりした決まりがあるわけではないですが、400〜500字くらいになってくると、「まとめ」をつけることを検討して良い**でしょうね。

文章を読んでみて、まとめのブロックがないと物足りないな、と感じたらつけてください。800字くらいになってきたら、つけた方が答案として締まりますね。

 答案の構成にも、いろいろなパターンがあって複雑ですね。

基本は聞かれた通りに書けば良いのですが、聞かれたことが1つの場合は、「いきなり本題から入ると唐突にならないか」立ち止まって考えてください。特に公務員・教員試験、昇進試験などは「課題解決型」の出題が多いので気をつけましょう。

　あとは字数や内容を考えて、まとめのブロックをつけるかどうかです。

●答案のブロックを考える上での原則

- ●基本は聞かれた通りの順番でブロックを作って、中身を具体化していく。
- ●ただし、聞かれていることが1つの場合は注意する。「課題解決型」の出題のように「問題の背景」があるものは、その点を考察するブロックを冒頭においてから、本題（取り組み内容）のブロックを続ける。
- ●一定の字数（400字程度）を超えるものは、必要に応じてまとめのブロックを別途つけても良い。

　ここまでの話を踏まえて、次の問題をどういうブロックで構成するか考えてみましょう。

問題
9

　教育活動を行う中で、学校と家庭との連携をどのように進めていくか述べなさい。

教員試験に出そうな問題ですね。これは先に挙げた問題と同じで、聞かれていることは「学校と家庭との連携をどのように進めていくか」の1つだけです。そして、これはある課題に対しての取り組みを書かせる、「課題解決型」の出題なので、頭に「問題の背景」についてのブロックを置いた後、取り組みを書きます。教員試験は800字以上あるのが普通ですから、最後に全体のまとめをつけます。

問題9の答案を構成する3つのブロック

ブロック1

◎「問題の背景」
　いじめや不登校などが大きな問題となる中、学校と家庭との連携が強く求められるようになっている。両者が十分な連携をとることで、問題を未然に防ぐことができ、また、たとえ問題が起きても早期に解決することができる。このことを踏まえ、私は学校と家庭の連携強化へ向け、次のようなことに取り組んでいきたい。

ブロック2

◎「学校と家庭との連携をどのように進めていくか」
　1つ目として、こういうことに取り組む……
　2つ目として、こういうことに取り組む……
　3つ目として、こういうことに取り組む……

ブロック3	◎「まとめ」 学校と家庭は教育の両輪である。私は以上のことに力を入れ、家庭と十分に連携のとれた教育を実現したい。

単純に「起・承・転・結」に当てはめて書けば良いんだと思っていましたが、違うんですね。

そうなんです。**出題を見て自分で考えることが大事です。型にはめると応用が利かなくなります。**

もっとも、「課題解決型」の出題は、基本的には「序論・本論・結論」型に落ち着きます。だから、過去何年分かの問題がわかっていて、「教員として教育活動を行う上で、家庭との連携をどのように進めていくか述べなさい」、こういう出題形式でずっと変わっていないということであれば、とりあえずその試験を突破するために「序論・本論・結論」の3段構成で書くと決めるというのもありでしょう。

その方が楽です（笑）。

ただ、出題傾向が、ある年から急に変わる場合もありますしね。それに、**エントリーシートのように200～300字くらいの短い文章を書くときは、「序論・本論・結論」の**

ような3段構成はとっていられません。その場合はたとえ
「課題解決型」でも聞かれたことだけに答えるべきでしょ
う。

「文章は『序論・本論・結論』型で書けば良いんですよ」
と教えるのは簡単ですが、そうすると何でもかんでもそれ
に当てはめれば良いんだと考えてしまう人が出てくるんで
す。そこが指導上、とても難しいところなんです。

　一手間かかるけれど、応用が利いた方が良いですもん
ね。

　そうです。**私は、自分の生徒にはどんな出題であっても
対応できる方法を教えたいと考えています。だから、「文
章の構成は問題を読んだ上で考えましょう」ということを
くり返し伝えています。**

5

どんな問題にも対応できる！

複雑な問題も整理してブロックに落とし込む

 第2講の最後にこんな問題例を見てみましょう。

問題
10

あなたがこれまで係長として上げた実績について、その過程で最も気を配った点に触れながら述べよ。その上で、昇進後の目標と、それを実現するための方策について述べなさい。なお、目標の設定にあたっては、当社の中期計画を踏まえたものとすること。

 これは複雑だ……。

 こういうときこそ、何を聞かれているのかよく考えます。問題を分解すると、直接聞かれていることは、

① 「これまで係長として上げた実績」
② 「昇進後の目標」
③ 「それを実現するための方策」

の3つです。それを書く上で、

A「その過程で最も気を配った点に触れる」
B「目標の設定にあたっては、当社の中期計画を踏まえたものとする」

という条件がつけられています。

これにきちんと答えないといけないです。そこで、どういう順番で何を答えれば良いのか、ブロックを使って整理します。

問題 10 の答案を構成する 3 つのブロック

ブロック1

◎①「係長として上げた実績」: 条件A「その過程で最も気を配った点に触れる」
・私は係長としてこんな実績を上げた……。その過程でこういう点に気を配った……

ブロック2

◎②「昇進後の目標」: 条件B「中期計画を踏まえる」
・中期計画にはこういうことが書いてある……。それを踏まえて私はこういう目標を立てる……

ブロック3

◎③「目標を実現するための方策」
・この目標を実現するために、こういうことに取り組む……

こうやって整理して、①②③の順番で書いていけば良い**のです。そうすると、過不足なく答えることができます。**なお、必要に応じて最後にまとめのブロックをつけても良いです。

　複雑な出題では、問題をきちんと分解しながらブロックを組み立てていかなければいけません。こういう出題では、「起・承・転・結」のような構成は全く通用しないんです。

　やっぱり問題を理解することが大事なわけだ。

問題がない場合は自分で問いを立てる

　最後にもうひとつ質問があるんですけれど、「問題文を読んで構成を考える」ということはわかりました。でも、問題文がない文章を書く場合もありますよね。前に大学で、自由題でレポートを出すように言われたことがあります。

　それは考えられますね。**問題文がない場合は、自分で問題を設定する作業がいります。**例えばですが、「再生可能エネルギー」について調べてレポートを書くのであれば、「再生可能エネルギー普及へ向けての課題とその対応策について」といったテーマ設定を自分でします。それは即ち「再生可能エネルギー普及へ向けての課題とその対応策に

ついて、あなたの考えを述べよ」という問題文があるのと
同じですね。

なるほど、あとは同じ手順になると。

そうです。**ただし、自分で問題を設定する場合に注意し
ないといけないのは、何を書くか具体的なテーマを設定し
ないといけないということです。**

単に「再生可能エネルギーについて」のようなぼんやり
した出題にしてしまうと、何を書いたら良いのかわからな
くなります。どういうことを書くのか目的をはっきりさせ
て問題文にしてください。そのあとに続く、「小論文を書
くときの手順」（53ページ）の②から⑤までは同じになりま
す。

わかりました。

第 **3** 講

小論文で
「何を書けばいいか?」
がわかりません。

書く材料を探すときに使える
「4つの要素」

実用文の目的は読み手の「納得」「理解」を得ること

　問題文に従っていくつかのブロックに分けて答案の構成を考えることはわかりました。でも、それぞれのブロックの中に何を書いたら良いかすぐには思いつかないです。

　それはあるでしょうね。第3講では、「各ブロックに書く材料をどうやって集めるのか」をもっと詳しく説明しましょう。

　お願いします。

　そもそも、何のために文章を書くのかを考えてみましょう。**この本で扱っているのは、小論文、エントリーシート、面接カード、各種申請書などの実用文ですが、実用文というのは自分の考えや用件などを伝えるための文章です。それを伝えて相手の「納得」や「理解」を得ることが、文章を書く目的です。**

　「納得」や「理解」ですか？

ええ。小論文であれば「なるほど、あなたはそう考えているのか」、エントリーシートであれば「そうか、この人はこういう人物なんだ」といったことを、相手に「納得」「理解」してもらいたいわけです。

　確かにそうですね。

「納得」「理解」を得るには4つの要素が大事

　でも、何を書いたら相手の「納得」や「理解」が得られるんですか?

　そのために大事な要素は、

[書く材料を探すときに使える「4つの要素」]

❶ 私はこう考える＝主張
❷ なぜなら＝理由
❸ どのように＝方法論
❹ 例えば＝具体例

　の4つです。

　それぞれ、どんな意味があるんですか?

　「私はこう考える＝主張」というのは、文章を書くときの

出発点です。「私は筆者の意見に反対だ」「私は、日本の人口減少に歯止めをかける必要があると考える」「私の来年度の業務目標はこうだ」とか、何かしら伝えるべき主張があるから文章を書くわけですよね。これは文章を考えるときの大元になります。

ええ、その通りですね。

でも、「私はこう考えます」という主張だけでは、相手は納得も理解もしてくれないですよね。例えば、「私は筆者の意見に反対だ」と主張したら、「なぜ、あなたはそう思うの？」という疑問がわきます。

はい。

まず主張を書いたら、「なぜなら＝理由」、つまり「こういう理由で反対なんだ」という根拠を出す必要があります。「筆者の考えの、ここが間違っているからだ」とか、理由を的確に指摘できて初めて、「ああ、それであなたは反対なんだ」と相手は納得してくれます。だから、相手を納得させるためには「理由」が大事になります。

それはよくわかります。

それから、公務員試験などでは、「私は日本の人口減少に歯止めをかける必要があると考える」というような主張

を書く場合があります。このような**社会的な課題を指摘する主張に対しては、理由ももちろん知りたいけれど、「じゃあ、そのためにどうすれば良いの?」というところも当然知りたい**ですよね。

「日本の人口減少に歯止めをかける必要がある」だけでは言いっぱなしになりますから、「そのために、子育て支援策を充実させるべきだ」といった話を書きます。**つまり、「どのように=方法論」を示すべき**なのです。

　そうすると、もっと理解が深まりますね。

　そうです。それと、**「どのように=方法論」を説明するときなどは、「例えば=具体例」が欲しい**です。「そのために、子育て支援策を充実させるべきだ」という考えに対しては、「一口に子育て支援策といっても、具体的に何をするの?」という疑問がわきます。

　だから、「子育て支援策として、例えば児童手当を増額したり、保育施設を増やしたりすべきだ」とか、例を挙げてください。そこまで書いたら「ああ、そういうことか」と納得できますね。**「納得」「理解」とは、詰まるところ読んでいる人に、疑問を残さないようにするということ**です。

　なるほど。

　実は、この本で説明していることも、基本はこの4つの

要素だって気付いていました？　第1講は「答案を書く上
では、問題文をよく読むことが大事」がテーマでしたが、
「答案を書く上では、問題文をよく読むことが大事」が、
「私はこう考える＝主張」ですし、「なぜ問題文の理解が大
事なのか＝理由」、「どういう失敗事例があるのか＝具体
例」、「どうすれば問題文が理解できるようになるのか＝方
法論」を、順番に説明してきましたよね。結局、この4つ
の要素から成り立っているでしょう？

言われてみれば、そうですね。

　**相手の「納得」「理解」を得るためには、「主張」「理由」
「方法論」「具体例」の4要素が大事**なんです。答案の内容
によっては、4つ全部はいらないこともありますが、とり
あえず、何を書くか材料を探すときはこの4つのキーワー
ドを元に考えると良いです。

2

4つの問いをどんどんくり返す

4つの要素で材料を集めてみよう

 例題を元に実践してみましょう。次の問題で聞いていることは何ですか?

問題
11

次のテーマで論述してください。

「私が関心を持ったニュース」

 聞いていることは「私が関心を持ったニュース」の1つだけですね。

 そうです。答案を構成するブロックはその1つしかありません。「じゃあ、そのブロックの中に何を書けば良いの?」となりますよね。

ここで、先ほどの4つの要素を元に、書く材料を集めてみましょう。**まず、「私はこう考える＝主張」を固めます。**これがないと始まりませんので、順番としては「主張」から考えます。これは出題で問われていることそのもので

97

す。もとゆき君が最近関心のあるニュースって何ですか？

　そうですね、外国人労働者の貧困問題をネットで見て気になりました。

　ということは「私は、外国人労働者の貧困問題に関心を持った」というのが、**「私はこう考える＝主張」**です。ここで、読み手の立場からすると、「外国人労働者の貧困問題」といっても、いろいろなことが問題になっているわけで、その中のどこに着目したか、もっと詳しいことを知りたくなります。
　そこで、**「例えば＝具体例」**を使います。そのニュースには具体的にどういうことが書かれていたんですか？

　賃金が安くて貧困状態に陥って、病院も行けず、食べ物にも困っている、ということでした。

　それで一歩 **「理解」** が深まりました。「ああ、そういうところに関心を持っていたんだ」と、これではっきりわかります。
　さらに話を先に展開したいです。主張はわかったけど、**「なぜ（理由）」** そこに関心を持ったのか、という点ですね。ネット上にニュースは溢れていますが、その中でなぜこのニュースに関心を持ったのか、読み手としては気になります。

以前アルバイト先で、外国人労働者と話をしたことがあるんですよ。

　そういう実体験があるとストンと腹に落ちますね。単に「私は、外国人労働者のニュースに関心を持った」と言うだけでは、とってつけた感じが残ります。でも、**そういう実体験から来ていると、読み手は「納得」できる**んですよ。

　今、「外国人労働者と話した」ということが出てきましたが、じゃあ「何を話したんだろう」ということを知りたいです。**「例えば＝具体例」**を使いますが、その人は生活に関してどんなことを話していましたか。

　収入が少ないので、体調が悪くても休めない、と言ってました。

　そうだったんですね。そこでまた**「理解」**が深まりました。「そういうことを話したのか」と。今聞いた話は、「外国人労働者のニュースに関心を持った理由」であると同時に、「外国人労働者の貧困についての**具体例**」でもありますね。これによってさらに答案が説得力を持ちます。

　ここまでで、「関心を持ったニュースは何か**(主張)**」「なぜ関心を持ったのか**(理由)**」が**「具体的」**に見えてきました。

　さらに話を先に展開してみましょう。こういう社会問題をテーマとして取り上げる場合、「どうすれば良いのか＝

方法論」を書きたいですね。「こういうことが問題だ」だけなら誰でも言えるわけで、「じゃあ、どうすれば良いのか」ということまで提案できると、答案の内容が深まります。そういうニュースや証言を見聞きして、**「どうすれば（方法論）」** 良いと思いました？

 彼らの生活支援が必要なのでは？

 それは大事ですね。そこから、読み手としては「『生活支援』って何をしたら良いの？」と知りたくなるんですよ。**「例えば＝具体例」で、もっと掘り下げます。** 具体的に何をしたら良いんでしょう？

 相談窓口を作るとか？

 「例えば」、どんな窓口があれば良いでしょう？

 対面窓口や電話、インターネットのチャット機能とかですね。それに多言語で対応できる方が良いですね。

 他に、「例えば」どんな支援があると良いでしょう？

 大学の友人がフードバンクの活動をしているんですけど、そういうところと結びつけられたらもっと良いのかな。

今、「外国人労働者とフードバンクの活動を結びつける」という話が出ましたが、**「具体的」**にどうすれば良いんです?

　そうですね……、困っている外国の人が行政の窓口に相談に来たら、フードバンクを紹介するということもやってみると良いのでは?

　だいぶ材料が出てきましたね。ここまでの話を下書きとして整理すると、次のようになります。**下書きでは、具体例などの4つの要素のうち、何について書き出しているのかが一目でわかるように、それぞれのまとまりごとに○をつけた見出しを添えます。**

─────── 問題11の下書き例 ───────

◎　関心を持ったニュース
・　外国人労働者の貧困問題。
○　具体的に何と書いてあった?
・　賃金が安くて貧困状態に陥り、病院にも行けず、
　　食べ物にも困っている。
○　なぜ関心を持った?
・　以前アルバイト先で外国人労働者と話をしたこと
　　がある。
○　具体的には何と言っていた?
・　「収入が少ないので、体調が悪くても休めない」。
○　ではどうすれば良い?

- ・　生活支援が必要。
- ○　具体的に何をすれば良い？
- ・　相談窓口を作る。
- ○　もっと具体的に言うと？
- ・　対面窓口や電話、インターネットのチャット機能で相談できるようにする。多言語でも対応する。
- ○　他に生活支援の具体例は？
- ・　フードバンクの活動と結びつける。
- ○　そのためには、どうすればいい？
- ・　困っている外国人が行政の窓口に相談に来たら、フードバンクを紹介する。

材料集めでは、「主張」が出発点になります。そして、主張を元に、「なぜそう考えるのか＝理由」「どうすれば解決できるのか＝方法論」で、話を展開します。

「具体例」は、「主張」「理由」「方法論」を、よりはっきりと相手にイメージしてもらうために活用します。

すべては、読み手の「納得」「理解」を深めるためです。自分の下書きに、第三者の視点で「なぜそう考えたのだろう？」「例えばどんなことを言っているのだろう？」という疑問をどんどん挟んでください。

この下書きを、文章にまとめてみましょう。

問題11の解答例

　私が関心を持ったニュースは、外国人労働者の貧困問題である。記事によると、賃金が安くて貧困状態に陥ってしまい、医療を受けられず、食べ物にも事欠いている人たちがいるという。私自身も、以前アルバイト先で外国人労働者と話をしたことがあるが、収入が少ないので、体調が悪くても休めないと言っていた。日本は外国人労働者を受け入れる側として、彼らの生活支援にも気を配るべきである。

　そのために、例えば、外国人労働者を多く抱える自治体では、役所の窓口や電話、さらにインターネットのチャット機能なども活用して生活相談を受付けるようにすべきである。その際、日本語が十分に話せない人にも配慮して、多言語でも対応できるようにしておくと良い。また、民間と連携した支援も進めていくべきである。国内では、フードバンクと呼ばれる団体があり、食料に困っている人に対して支援を行っている。相談を寄せた人に対して、こうした団体を紹介するなど、民間団体とも連携しながら支援にあたるべきである。

　人口減少で、今や日本において外国人労働者は欠かせない存在となっている。彼らが不安なく働ける環境を実現しなければならない。

なるほど、4つの要素で材料を集めていけば、きちんと

文章ができあがるんですね。

そうです。**「主張」「理由」「方法論」「具体例」の４つが、「納得」「理解」を得るために大事な要素です。**

　ちなみに、この文章は500字くらいあるので、最後に「まとめ」もつけています。下線部が、全体のまとめとして付け加えた要素になります。第2講で、それくらいの字数になったら全体のまとめをつけても良いと言いましたよね。「全体としてこういうことが言いたいんだ」という念押しです。

「主張」は複数あっても良い

「私はこう考える＝主張」を、複数立てるというやり方もありですよ。

問題
12

あなたが医療人として仕事をするにあたって大切にしたいと考えていることを述べなさい。

　医療系大学の入試や病院の採用試験で出そうな問題です。
　こういう出題の場合、「私は医療人として仕事をするにあたって、思いやりの気持ちを大切にしたい」というよう

に、「私はこう考える＝主張」を１つだけ立てて、詳しく書いていくこともできます。これは先ほどの「私が関心を持ったニュース」と同じ書き方です。

そうですね。

一方で、次のように主張を２つ立てることもできます。

- 私は医療人として仕事をするにあたって、思いやりの気持ちを大切にしたい。（＝主張1）
- なぜそう考えるのか？（＝理由）
- どのようなことを実践するのか？（＝方法論）
- 具体的な場面で考えると？（＝具体例）

- さらに、職場のスタッフとの連携も大切にしたい（＝主張2）
- なぜそう考えるのか？（＝理由）
- どのようなことを実践するのか？（＝方法論）
- 具体的な場面で考えると？（＝具体例）

　この場合は「私はこう考える＝主張」、が２つある状態です。これはこれでかまいません。**それぞれの主張について、「なぜなら＝理由」「どのように＝方法論」「例えば＝具体例」の問いで材料を集めてください。**

　主張を１つにするか、複数にするか、どういう基準で考

えれば良いんですか？

　　　主張の数は出題内容や、字数によりますね。先に挙げた「私が関心を持ったニュース」の場合、2つも3つも挙げると、どうしても中身が薄くなります。こういう出題の場合は、この人は普段からニュースを見て自分でしっかり考えているかな、という思考の深さを見たいんです。だから、1つのことを深く掘り下げた方が良いです。

　　　そうか。

　　　しかし、「医療人として仕事をするにあたって大切にしたいこと」、こういう出題の場合は、「思いやりの気持ちも大切だし、職場のスタッフとの連携も大切だ」と、2つ挙げてもさほど中身が薄くなる印象にはなりません。

　　　なぜですか？

　　　それは、この出題の大きな目的が、医療人としての適性、姿勢を見ることだからです。「この人は医療の仕事に向いているかな」、というところをまず見たいわけですね。だから、**「大切にしたいこと」が2つあるなら両方書いても良い**んです。
　　　文章を書く上で、「こうすれば間違いない」というマニュアルはないんです。出題の意図をよく考えて判断していくしかないですね。

やっぱり「問題文の理解」に行き着きますね。

 そうなんです。「問題文の理解」は、答案を作成する上でヒントになることが多いんです。

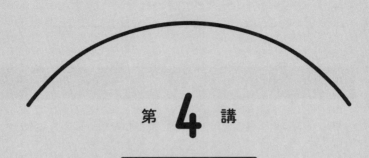

第 **4** 講

「長い文章を
上手に書く方法」
はありますか?

1

長くなったら「段落分け」をする

 ここまでは、短い文章の例を中心に扱ってきました。今度は長い文章の書き方を考えてみましょう。

 長い文章はどうやって書くんですか？

 文章が長くなってくると、段落分けの作業が必要になってきます。第4講では、段落分けについて考えてみましょう。そもそも、段落分けって、なぜ必要なんでしょう？

 多分、段落分けをしないと読みにくいからでは？

 そうです。**長い文章を段落分けせずに書いてしまうと、とても読みにくくなってしまいます。そこで、話のまとまりごとに適度に段落分けをして、話を整理する**んです。

 どれくらいの字数から段落分けしたら良いんですか？

 はっきりした決まりはないですが、答案全体が400字くらいになったら段落分けした方が読みやすいでしょうね。

<u>段落分けが適切にできるようになれば、どんなに文章が長くなっても整理してわかりやすく書くことができます。</u>その意味で段落分けの作業はとても大事です。

 どういうタイミングで、段落分けすれば良いんですか？

 基本的には「話の塊」で分けます。次の文章で考えてみましょう。

問題
13

近年、食育の重要性が指摘されています。教員として食育にどのように取り組んでいくか考えを述べなさい。

 この問題で600字くらいの解答を書くとすれば、どういうブロックで構成しますか？

 えーっと……、聞かれていることは「教員として食育にどのように取り組んでいくか」ですよね。そして、「食育にどのように取り組んでいくか」は、課題解決型だから、初めに「問題の背景」を書いた方が良いんでしたよね。あと、これくらいの字数であれば「まとめ」の段落もあった方が良いと。だから、この3ブロックですか？

① 「問題の背景」
② 「教員として食育にどのように取り組んでいくか」

③「全体のまとめ」

　その通りです。これを元に書いた答案を見てみましょう。

問題13の解答例

「食」はエネルギーの源であり、生きるために不可欠な要素である。現代社会においては、食の欧米化による生活習慣病の増加、極端なダイエット、食品の安全性など、食に関する様々な問題が浮き彫りになっている。こうしたことから、子どもたちに食について学ばせ、知識と関心を高めていくことは大変重要である。私は教員として、食育に関して次のことに取り組んでいきたい。

まず、普段、私たちが食べている米や肉、野菜などがどのような栄養素から成り立っているのか、それらの栄養素が体内でどのような働きをしているのかを、イラストや模型を使ってわかりやすく教えていきたい。また、食べ物が食卓に届くまでの過程についても、教えていきたい。例えば、子どもたちに、家庭で買った食べ物の中にどれだけ外国産のものが含まれているか調べさせる。この学習を通して、普段私たちが食べている食べ物の多くは外国から輸入されていることに気付かせ、食料自給率の意味について考えさせたい。さらに、食文化についても学ばせたい。本県には、山菜など旬の食材を

活かした様々な郷土料理が伝えられている。これらの郷土料理を子どもたちと実際に作り、自然と結びついた本県の豊かな食文化に触れさせる。

　食を見つめ直すことは私たちの生活を見つめ直すことにつながる。私は以上のことに取り組み、子どもたちの食育に力を入れていきたい。

　この答案は、「問題の背景」「教員として食育にどのように取り組んでいくか」「全体のまとめ」という3ブロックの通りに段落も分けてあります。

一段落が長くなると話がごちゃごちゃに……

　あっ、でも、常にブロックで段落を分ければ良いわけではなかったですよね。

　そうです。第2講でも出てきましたね。**ブロックの中が長くなってきたら、さらに段落を細分化します**。例えば、答案全体の字数が1000字程度で、取り組みをもっと詳しく書いたとしましょう。次の文例を見てください。変えているのは下線を添えた第2段落に関わるところだけです。

問題13の解答例（加筆例A）

　「食」はエネルギーの源であり、生きるために不可欠な要素である。現代社会においては、食の欧米化による生活習慣病の増加、極端なダイエット、食品の安全性など、食に関する様々な問題が浮き彫りになっている。こうしたことから、子どもたちに食について学ばせ、知識と関心を高めていくことは大変重要である。私は教員として、食育に関して次の3点に取り組んでいきたい。

　まず、普段、私たちが食べている米や肉、野菜などがどのような栄養素から成り立っているのか、それらの栄養素が体内でどのような働きをしているのかを、イラストや模型を使って子どもたちにわかりやすく教えていきたい。また、日本には、おせち料理、恵方巻き、月見団子など四季折々の行事の際に食べられる料理がある。こうした行事食について、その由来や楽しみ方を調べて発表させ、わが国の食文化についても理解を深めさせていきたい。さらに、正しい食生活のあり方についても子どもたちに考えさせたい。食べ過ぎや、逆に食事の量が少なすぎること、あるいは特定のものに偏った食生活は、体の調子を崩し病気の原因となる。質、量ともにバランスのとれた食生活が、健康維持のために大切であることを学ばせていく。これに加え、食べ物が食卓に届くまでの過程についても、教えていきたい。例えば、子どもたちに、家庭で買った食べ物の中にどれだけ外国

産のものが含まれているか調べさせる。この学習を通して、普段私たちが食べている食べ物の多くは外国から輸入されていることに気付かせ、食料自給率の意味について考えさせたい。郷土の食文化についても学ばせたい。本県には、山菜など旬の食材を活かした様々な郷土料理が伝えられている。これらの郷土料理を子どもたちと実際に作り、自然と結びついた本県の豊かな食文化に触れさせる。最後に、授業の中で、食品加工場や農家などを訪ねる機会を持ちたいと考える。現場で働く人から話を聞いて、食品の安全がどのように管理されているか、地産地消が持つ意義などについて理解を深めさせていくことが大切である。

　食を見つめ直すことは私たちの生活を見つめ直すことにつながる。私は以上のことに取り組み、子どもたちの食育に力を入れていきたい。

取り組みがごちゃごちゃして頭に入らないです。

そうですよね。**一段落が700字近くありますが、こうなってくると、さすがに取り組みを一段落に収めるのは限界があります。**

2

どうやって
「段落分け」すれば良い?

話の内容を「分類」して段落分けする

 どうすれば良いと思いますか?

 半々くらいの字数で段落を分けるとか。

 　単純に字数だけ見て分けても効果は半減です。さっき、「話の塊」と言いましたよね。この答案のようにいろんな取り組みを書くときは、「分類」して話の塊を作ることが大事です。取り組みはいろいろ書かれてありますが、内容は次の3つに分類できます。

● **食べ物と健康の関係についての話**

- 普段、私たちが食べている米や肉、野菜などがどのような栄養素から成り立っているのか、それらの栄養素が体内でどのような働きをしているのかを、イラストや模型を使ってわかりやすく教えていきたい。

- 食べ過ぎや、逆に食事の量が少なすぎること、あるいは特定のものに偏った食生活は、体の調子を崩し病気の原因となる。質、量ともにバランスのとれた食生活が、健康維持のために大切であることを学ばせていく。

●食べ物が食卓に届くまでの話

- 子どもたちに、家庭で買った食べ物の中にどれだけ外国産のものが含まれているか調べさせる。この学習を通して、普段私たちが食べている食べ物の多くは外国から輸入されていることに気付かせ、食料自給率の意味について考えさせたい。
- 授業の中で、食品加工場や農家などを訪ねる機会を持ちたい。現場で働く人から話を聞いて、食品の安全がどのように管理されているか、地産地消が持つ意義などについて理解を深めさせていく。

●食文化についての話

- 本県には、山菜など旬の食材を活かした様々な郷土料理が伝えられている。これらの郷土料理を子どもたちと実際に作り、自然と結びついた本県の豊かな食文化に触れさせる。
- 日本には、おせち料理、恵方巻き、月見団子など四季折々の行事の際に食べられる料理がある。こうした行事食について、その由来や楽しみ方を調べて発表させ、わが国の食文化についても理解を深めさせていきたい。

段落を分けるときは、このように話の中身で分類して、関連する話をひとまとまりにしていきます。 そして、第2講でも出てきたように、各段落の冒頭で「1つ目に、子どもたちに食べ物と健康の関係について教えたい」「2つ目

に、食べ物が食卓に届くまでの過程についても、教えていきたい」「3つ目に、郷土や日本の食文化についても学ばせたい」などの一言をつけます。「この段落ではこういうことを書きますよ」ということを、頭で言うんですね。

 ははあ、そうすると頭に入りやすくなりますね。

問題13の解答例（加筆例B）

「食」はエネルギーの源であり、生きるために不可欠な要素である。現代社会においては、食の欧米化による生活習慣病の増加、極端なダイエット、食品の安全性など、食に関する様々な問題が浮き彫りになっている。こうしたことから、子どもたちに食について学ばせ、知識と関心を高めていくことは大変重要である。私は教員として、食育に関して次の3点に取り組んでいきたい。

1つ目に、子どもたちに食べ物と健康の関係について教えたい。普段、私たちが食べている米や肉、野菜などがどのような栄養素から成り立っているのか、それらの栄養素が体内でどのような働きをしているのかを、イラストや模型を使ってわかりやすく教えていきたい。さらに、正しい食生活のあり方について考えさせたい。食べ過ぎや、逆に食事の量が少なすぎること、あるいは特定のものに偏った食生活は、体の調子を崩し病気の原因となる。質、量ともにバランスのとれた食生活が、健

康維持のために大切であることを学ばせる。

　2つ目に、食べ物が食卓に届くまでの過程についても、教えていきたい。例えば、子どもたちに、家庭で買った食べ物の中にどれだけ外国産のものが含まれているか調べさせる。この学習を通して、普段私たちが食べている食べ物の多くは外国から輸入されていることに気付かせ、食料自給率の意味について考えさせたい。また、授業の中で、食品加工場や農家などを訪ねる機会を持ちたいと考える。現場で働く人から話を聞いて、食品の安全がどのように管理されているか、地産地消が持つ意義などについて理解を深めさせていく。

　3つ目に、郷土や日本の食文化についても学ばせたい。本県には、山菜など旬の食材を活かした様々な郷土料理が伝えられている。これらの郷土料理を子どもたちと実際に作り、自然と結びついた本県の豊かな食文化に触れさせる。また、日本には、おせち料理、恵方巻き、月見団子など四季折々の行事の際に食べられる料理がある。こうした行事食について、その由来や楽しみ方を調べて発表させ、わが国の食文化についても理解を深めさせる。

　食を見つめ直すことは私たちの生活を見つめ直すことにつながる。私は以上のことに取り組み、子どもたちの食育に力を入れていきたい。

 前の文章とは、比べものにならないくらいわかりやすい

です。これならすんなり頭に入ります。

そうでしょう？　このように、**1つのブロックにいろいろな話が出てくるときは、話の中身で分類して段落分けをするようにします。**

1つの段落に入れる要素は2つか3つ

他に段落分けに関して、注意した方が良いことってありますか？

これは、第2講でも言いましたけど、書く順番ですよね。**大事なことから先に書きます。**

この答案では、「食べ物と健康の関係についての話」が最初で、「食べ物が食卓に届くまでの話」「食文化についての話」の順番で並んでいます。「食べ物と健康」というのは、すべての人にとって直接関わりがある身近なことですし、食育の中で一番大事なことですよね。ですから、この話から入るのはとても自然です。

これが、「食文化についての話」から入って、最後に「食べ物と健康の関係についての話」が来るとちょっと首をかしげたくなります。

大事なことから書くのは、1つの段落の中で複数の要素を書く場合も同じです。

順番も考えなきゃいけないんですね。

それと、**1つの段落にあまりたくさんの要素を入れない方が良い**ですね。

　例えば、この問題の指定字数が1500字とか、かなり長いものだったとしましょう。そうすると、字数を増やすために、3つの取り組みをそれぞれボリュームアップする必要が出てきますね。その結果、1つ目の取り組みがこんな風になっていたらどう思いますか？

問題13の解答例（加筆例C：一部のみ）

　1つ目に、子どもたちに食べ物と健康の関係について教えたい。普段、私たちが食べている米や肉、野菜などがどのような栄養素から成り立っているのか、それらの栄養素が体内でどのような働きをしているのかを、イラストや模型を使ってわかりやすく教えていきたい。また、食品添加物について調べさせ、添加物の種類や、体への影響についても考えさせたい。さらに、正しい食生活のあり方について考えさせたい。食べ過ぎや、逆に食事の量が少なすぎること、あるいは特定のものに偏った食生活は、体の調子を崩し病気の原因となる。質、量ともにバランスのとれた食生活が、健康維持のために大切であることを学ばせる。これに加え、食中毒についても学ばせたい。保存方法などの誤りで食中毒を引き起こし、場合によっては命の危険もあることを理解させたい。最後に、和食はカロリーや脂肪分などが控

うーん、あまり頭に入らないですね。

 この段落は「食べ物と健康の関係について」書いてあることに変わりはありません。しっかり分類はできています。それなのに、**なぜわかりにくくなっているかというと、話の要素が多すぎるから**です。この答案を分析すると、以下の5つの要素が書かれていることがわかります。

①普段、私たちが食べている米や肉、野菜などがどのような栄養素から成り立っているのか、それらの栄養素が体内でどのような働きをしているのかを、イラストや模型を使ってわかりやすく教えていきたい。

②食品添加物について調べさせ、添加物の種類や、体への影響についても考えさせたい。

③正しい食生活のあり方について考えさせたい。食べ過ぎや、逆に食事の量が少なすぎること、あるいは特定のものに偏った食生活は、体の調子を崩し病気の原因となる。質、量ともにバランスのとれた食生活が、健康維持のために大切であることを学ばせる。

④食中毒についても学ばせたい。保存方法などの誤りで食中

毒を引き起こし、場合によっては命の危険もあることを理解させたい。

⑤和食はカロリーや脂肪分などが控えめであり、健康に良いことを学ばせる。

一段落にたくさんの要素を入れてしまうと、1つ1つが頭に残らなくなるんです。だから、**2つか3つくらいに絞るべき**でしょう。

でも、そうすると、1500字を埋められないのでは？

そこで、**文字数を増やすために、それぞれの要素を掘り下げて書くことにします。**次の文例を見てください。

問題13の解答例（加筆例D：一部のみ）

　1つ目に、子どもたちに食べ物と健康の関係について教えたい。普段、私たちが食べている米や肉、野菜などは、炭水化物、蛋白質、ビタミンなどの栄養素から成り立っている。代表的な食品を取り上げ、その中に含まれる栄養素を学ばせたい。また、それらの栄養素は体の中で熱や筋肉となったり、抵抗力をつけたりする働きがある。このように、栄養素が体内で果たす役割を、イラストや模型を使ってわかりやすく教えていきたい。さらに、正しい食生活のあり方についても考えさせたい。糖分

や脂肪分の取り過ぎは肥満を引き起こし、様々な生活習慣病を招き寄せることとなる。逆に食事の量が少なすぎることや偏った食生活は、健全な発育を阻害し、体の調子を崩す原因となる。思春期の子どもは、過食や拒食に陥るケースがある。毎日三食を適量食べることが、健康維持のために大切であることを学ばせる。

こちらはスッと頭に入りますね。

この答案は、先に挙げた、①と③の要素を膨らませる形で書いています。下線をつけていない前半部分が①の「栄養素の働き」についての話、後半の下線部が③の「正しい食生活のあり方」についての話です。この2つの要素を詳しく説明しています。

確かにそうなっていますね。

このように、**一段落の字数が長くなっても、中身を掘り下げる形であれば頭に残る**んですね。**たくさん要素を盛り込んだから良い評価になるのではなく、読む人の頭に残るように書くことが大事**なんです。**常に、読み手の「納得」「理解」を意識することが重要**です。

なるほどー。よくわかりました。

第 **5** 講

「もっと伝わる
文章にするコツ」
が知りたいです。

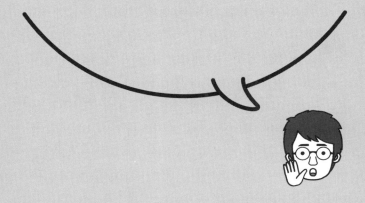

文章を書くときに
さらに気をつけたいこと4選

読む人の「納得」「理解」を深める工夫

 だんだん文章が書けるようになってきた気がします。

 実用文は、読む人がすぐに理解できて、納得できるように書くことが大事です。それを最大の目的にして文章を考えます。

 難しく考える必要はないんですね。

 はい。あくまで、読む人の「納得」「理解」を深めることを中心に考えてください。第5講では、そのために、さらに気をつけたい点を4つお教えしましょう。

 その4つとは？

 以下の4つです。これらを、しっかり意識しましょう。

［**文章を書くときにさらに気をつけたいこと**］

❶ 話の筋を通す
❷ 曖昧^{あいまい}さがない
❸ 簡潔である
❹ 具体的である

 これから1つ1つ詳しく解説していきますね。

伝わる文章のコツ ① 「話の筋を通す」

 まず、次の答案を見てみましょう。

問題 14

　本市の課題を挙げ、市としてその課題にどう取り組むべきか、述べなさい。

問題14の解答例

　〇〇市の課題は産業の振興である。本市には核となる産業がないため雇用の場がなく、人口の流出を招いている。若い世代を定着させて市の活力を維持するために、産業の振興に力を入れる必要がある。そのために、市外の企業を積極的に誘致していくべきである。工業用地を整備し、企業に対して安く貸し出していく、進出した企業に対しての税金面での優遇制度を設けるなどして、市内への投資を働きかけていくべきである。また、安心して産業活動ができるようにするために災害に

強い街づくりも進める必要がある。そこで、最新の被害想定に基づいて川の堤防を強固にすること、公共施設の耐震化やハザードマップの配布などに取り組むべきである。このように、安心して働ける街を実現しなければならない。

どこか変な感じはするんですけど……。

これは途中で話がそれている答案の典型例です。問題文の「本市の課題を挙げ」という問いかけに対して、答案では「○○市の課題は産業の振興である」と、冒頭で答えているでしょう。

はい、それはわかります。

じゃあ、この答案は「産業の振興」について書くべきですよね。

そうです。

「そのために、市外の企業を……」以降が、「その課題にどう取り組むべきか」に答えている部分ですが、どういう取り組みを書いていますか?

「市外の企業を積極的に誘致していくべきである。工業用

地を整備し、企業に対して安く貸し出していくこと、進出
した企業に対しての税金面での優遇制度を設ける……」と
ありますね。

　その部分は「産業の振興」としてふさわしいです。その
後は何を書いていますか？

「また、安心して産業活動ができるようにするために災害
に強い街づくりも進める必要がある。そこで、最新の被害
想定に基づいて川の堤防を強固にすること、公共施設の耐
震化やハザードマップの配布などに取り組むべきである」
です。

　それは、「防災対策」であって、「産業の振興」とは言え
ないですよね。途中から話がそれているんですよ。

　そういうことか。

初めから終わりまでテーマを意識する

「産業の振興」というテーマが途中からあやふやになっ
て、とにかく市が取り組むべきことを書けば良いんだとい
う意識になっているんですよ。
　**下書きの段階で、話がそれていないか、筋が通っている
か、ということを意識して欲しいです。**

書いているうちにそれてしまうことがあるんだ。

 ここでは、答案の問題点を端的に指摘するために、敢えて短い字数の答案例を提示していますが、もっと長い字数になってくると、こういうことが頻繁に起こってくるんです。

 この答案はどうしたら良くなります？

 考え方は2つあります。1つは、「産業の振興」で最初から最後まできちっと筋を通すようにすることです。

問題14の解答例（修正例A）

　〇〇市の課題は産業の振興である。本市では核となる産業がないため雇用の場がなく、人口の流出を招いている。若い世代を定着させて市の活力を維持するために、産業の振興に力を入れる必要がある。そのために、市外の企業を積極的に誘致していくべきである。工業用地を整備し、企業に対して安く貸し出していく、進出した企業に対しての税金面での優遇制度を設けるなどして、市内への投資を働きかけていくべきである。また、近年では起業に関心を持つ人が増えている。起業者向けの助成制度を作ったり、中小企業診断士などによる相談会を開催したりして新しい事業の創出を後押しし、産業の振興につなげていくべきである。このような

取り組みによって、活発に産業活動が行われる街を作らなければならない。

　これなら「産業の振興」から話がそれてないですね。もうひとつの方法は？

　もうひとつは、「本市の課題」を2つ設定するというやり方です。第3講で「主張は複数あっても良い」ということをお話ししましたよね。

　はい。

　あの考え方を取り入れて課題を2つにします。

問題14の解答例（修正例B）

　○○市の課題は、1つ目に産業の振興である。本市には核となる産業がないため雇用の場がなく、人口の流出を招いている。若い世代を定着させて市の活力を維持するために、産業の振興に力を入れる必要がある。そのために、市外の企業を積極的に誘致していくべきである。工業用地を整備し、企業に対して安く貸し出していく、進出した企業に対しての税金面での優遇制度を設けるなどして、市内への投資を働きかけていくべきである。

　また、2つ目の課題は災害に強い街づくりである。巨大台風や大地震などのリスクが指摘され、備えが求められている。そこで、最新の被害想定に基づいて川の堤防を強固にすること、公共施設の耐震化やハザードマップの配布などに取り組むべきである。住民が安心して暮らせる街を実現しなければならない。

 このような書き方もできますね。

 きちんと分けて説明すればいいんだ。

3

伝わる文章のコツ②
「曖昧さがない」

文末を変えるだけで印象が変わる

　今度は、次の答案を見てください。

問題
15

　行政への民間活力の導入について、あなたの考えを述べなさい。

問題15の解答例

　行政への民間活力導入は、積極的に進めるべきであろう。近年、多くの自治体では財政難に陥っている。このため、行政が担うサービスの一部を民間事業者に委ね、効率的に行政サービスを提供していくことが求められているのではないだろうか。例えば体育館や市民ホールの運営を民間の事業者に委託していくなど、民間のノウハウを活かし、効率的な運営を行うのも1つのやり方である。また、民間の自由な発想を、行政活動の中に取り込むことも重要ではないか。例えば市の施設

の跡地の活用に関して、アイディアを提案してもらったり、再開発計画に参加してもらったりして、より良い街づくりに活かしていくことができると思われる。警察、消防など行政が直接運営すべき分野と、民間活力を導入すべき分野を仕分けし、導入可能な分野では推進することが期待される。

この文章はどう思います？

うーん……。「だろう」とか、「思われる」とか、ちょっと逃げ腰な感じがしますね。

そうです。**文末のところで、曖昧にぼかしている表現が多い**ですよね。**「であろう」「ではないだろうか」「1つのやり方である」「ではないか」「と思われる」**などです。はっきり言い切らず、煮え切らない答案です。

　答案末尾の「期待される」も気になります。「あなたの考えを述べなさい」と聞かれているのに、「期待される」なんて、すごく引いた書き方をしています。

そう言われると、気になる表現がたくさんありますね。

第3講で、**「私はこう考える＝主張」が文章を書くときの出発点**と言いました。何か主張したいことがあるから論文にするわけです。だから、**「自分の考えはこうだ」**とい

うところをはっきり書かないと、印象は良くないですね。
曖昧で、断定から逃げている答案になってしまいます。

　でも、本当に間違ったことは書いてないのかなって、不安になります。

　その気持ちはわかります。
　でも、先ほど挙げたような表現は主張を弱める効果しかないんです。**論文では明確に言い切りましょう。同時に、自分の主張を支える「なぜなら＝理由」「どのように＝方法論」「例えば＝具体例」といった要素をしっかり集めておけば、自信を持って書ける**はずです。

　なるほど。この答案自体は、どんな表現で書けば良いですか？

　はっきりと「……だ」「……である」などで言い切るようにします。先ほどの文章はこんな風に書き替えてみましょう。

問題15の解答例（修正例）

　行政への民間活力導入は、積極的に進めるべきである。近年、多くの自治体では財政難に陥っている。このため、行政が担うサービスの一部を民間事業者に委ね、効率的に行政サービスを提供していくことが求めら

れている。例えば体育館や市民ホールの運営を民間の事業者に委託していくなど、民間のノウハウを活かし、効率的な運営を行うべきである。また、民間の自由な発想を、行政活動の中に取り込むことも重要である。例えば市の施設の跡地の活用に関して、アイディアを提案してもらったり、再開発計画に参加してもらったりして、より良い街づくりに活かしていくことができる。警察、消防など行政が直接運営すべき分野と、民間活力を導入すべき分野を仕分けし、導入可能な分野では大いに推進していくべきである。

 全然違いますね。迷いがなくて、力強い感じがします。

曖昧な表現を使っても良い場合とは？

 「だろう」や「思われる」は使っちゃいけないんですね。

 いや、使ってはいけないという意味ではないです。**本当に憶測になってしまう場合は使っても良い**ですよ。例えば、次のような文です。

「将来、人間の仕事の大部分はAIによって置き換えられているであろう」

この場合は、本当にそんな社会になるのかは誰にもわか

らないですよね。

そうなりそうな気がするけど……。

未来のことだから、はっきりしたことは誰にも言えないでしょ。そういう場合は、「であろう」で良いんです。

　しかし、自分の主張の核となる部分ははっきり言い切ります。先ほどの答案で言えば「行政への民間活力導入は、積極的に進めるべきであろう」「民間活力を導入すべき分野を仕分けし、導入可能な分野では推進することが期待される」など、こういうところをはっきり言い切らなかったら、かなり頼りない論文になります。

　だから、「使ってはいけない」ではなくて、「むやみに使わない」という意味です。特に自分の主張の根幹となるところでは使わないようにします。

そういうことか。

4

伝わる文章のコツ❸
「簡潔である」

読む人の「理解」を優先する

 どんどん行きますよ。次に、この答案はどうですか。

問題
16

あなたの目指す消防士像を述べてください。

問題16の解答例

消防士の仕事は大変厳しい。その中で求められる消防士とはどのような姿だろうか。私が目指す消防士像、それは「自己研鑽を怠らず、向上をし続ける消防士」であること。消防士に求められることは、第一に日常的な訓練。それに、救命、消防に関する技術を高めていくこと、体力を維持することなどだ。だから、自分自身を高める努力を怠ってはならない。そこで私が取り組むべきことを整理したい。まず、日々の業務と並行しながら、自ら関心を持って庁内の勉強会等に参加し知識や技術の向上に努めていく。さらに救急救命士、潜水士等、業務

で活用できる資格の取得も、目標を持って取り組みたい。自己の向上に努力を惜しまない消防士、それこそを目指したい。

 なんだか、凝った文章で肩に力が入っている感じがします。

 そうですね。**不要な表現が多い**です。例えば「その中で求められる消防士とはどのような姿だろうか」と、一度疑問形にした上で、「私が目指す消防士像……」と答えを書いています。でも、わざわざこんな段取りを踏まなくても、「私が目指すのはこのような消防士だ」と書いた方がすっきりするし、わかりやすいですよね。**読む人の「理解」を優先したら、ストレートに書いた方が良い**んです。

 直球で書けば良いんですね。

 あと、「それは『自己研鑽を怠らず、向上をし続ける消防士』であること」「第一に日常的な訓練」と、文末を名詞（体言）で止める「体言止め」が使われています。このように文中で「体言止め」を使う答案も見かけますが、論文では修辞的な表現は使わないようにします。わざと語順を逆にする「倒置法」なども使いません。とにかく「簡潔に」「わかりやすく」です。この文章を書き替えてみましょう。

問題16の解答例（修正例）

　私が目指すのは、自己研鑽を怠らず、向上をし続ける消防士だ。消防士は日常的な訓練を積み重ねることはもちろん、積極的に学び、救命、消防に関する技術を高めていくこと、体力を維持することなど、自分自身を高める努力を怠ってはならない。私は、日々の業務と並行しながら、自ら関心を持って庁内の勉強会等に参加し知識や技術の向上に努めていく。さらに救急救命士、潜水士等、業務で活用できる資格の取得も、目標を持って取り組みたい。最終的には緊急消防援助隊として活躍できるだけの、知識、技術、体力を身につけ、災害時にも大きな貢献ができるようになりたい。以上のように、自己の向上に努力を惜しまない消防士を目指したい。

何も飾り気はないけど、中身はそのまま頭に入ります。

このように、伝えるべき内容をストレートに書いてください。

必要なことだけ書けば良いと。

はい。**小論文は、小説やエッセイなどとは違います。**読み手に「感動」してもらうのではなくて「納得」「理解」

してもらうことが大事です。文章を飾ったり、凝った表現をしたりする必要はありません。「あなたの目指す消防士像を述べてください」に答えるために必要なことだけを書き込んでください。

5

伝わる文章のコツ④
「具体的である」

相手の頭に状況がはっきり浮かぶように

 ここまで4つの項目のうち、3つを見てきました。最後に、「具体的である」に進みましょう。これはちょっとハードルが高いですよ。

 どうしてです？

 「具体的である」ができている人は少ないんです。それに、一度指摘しても簡単には直らないからです。

 結構ハードルが高いんだ。

 その上、**具体的に書けているかどうかは、答案の印象をかなり左右する**んです。話の具体化については、第2講の、答案を書く手順の中でも少し触れましたが、ここでじっくりと解説したいです。まず、例を挙げてみましょう。字数が長い答案であるという前提での解答例です。

問題
17

インターネットが普及する中、子どもたちが様々なトラブ

143

ルに巻き込まれるリスクも高まっています。この問題に中学校の教員としてどう対処していくか述べなさい。

問題17の解答例

　中学生の多くがスマートフォンを持つ時代となり、インターネットを学習や生活に活用することは当たり前のことになっている。一方で、犯罪に巻き込まれたりSNSでのいじめにつながったりと、様々なトラブルも報告されている。教員として、生徒がインターネットを適切に使えるように取り組むことは重要である。そこで私は次のようなことを実践したい。

　まず、生徒にインターネットについて深く考えさせたい。インターネットの利用は便利な面だけではないことを教え、自分の身は自分で守らなければいけないことを指導していく。その上で、インターネットとのより良い付き合い方について考えさせる。また、保護者に対しても、家庭でも子どもたちのインターネット利用について気を配ってもらい、親子で適切なインターネット利用について考えてもらうようにお願いする。学校と家庭との連携によって、子どもたちが安全にインターネットを利用できるようにしたい。

　次に取り組むこととして……

僕が書くとしても、こういう答案になると思います。これじゃ駄目ですか?

 この答案の問題点は第2段落ですね。第2段落の取り組みが、全体に漠然としています。間違ったことは書いていないけれど、これでは弱いのです。

 そうなんですか?

 例えば、「インターネットの利用は便利な面だけではないことを教え」「自分の身は自分で守らなければいけないことを指導していく」と書いていますけど、そのために何をどうすればいいんです?
「家庭でも子どもたちのインターネット利用について気を配ってもらい」にしても、「そのために何をどうすれば良いのか」が何もないので、私は全然イメージできません。

 うーん、厳しいけど、そうかも……。

 例えばですが、次のように書き替えたらどうなります?

問題17の解答例(修正例)

　中学生の多くがスマートフォンを持つ時代となり、インターネットを学習や生活に活用することは当たり前のことになっている。一方で、犯罪に巻き込まれたり

SNSでのいじめにつながったりと、様々なトラブルも報告されている。教員として、生徒がインターネットを適切に使えるように取り組むことは重要である。そこで私は次のようなことを実践したい。

　まず、インターネットの利用に潜む危険性とその対応策を生徒と保護者に伝えたい。ホームルームの時間を使って、インターネットの掲示板にアクセスして性犯罪に巻き込まれた事例や、不用意に自分の画像を送って拡散してしまった事例があることを伝えていく。インターネット利用のリスクを教え、安易に個人情報を送らないこと、インターネットで知り合った人と直接会うことはくれぐれも控えることを指導する。また、保護者に対しても学級通信やPTAの場などで、このようなインターネット利用の危険性を伝え、子どものスマートフォンにフィルタリングの機能をつけることや、親の目の届く範囲でインターネットの利用をさせるようにお願いをする。

　次に取り組むこととして……

　あー……、すごくわかりやすいです。状況がはっきり目に浮かびます。

　そうでしょう。初めの答案にあった、

146

「インターネットの利用は便利な面だけではないことを教え、自分の身は自分で守らなければいけないことを指導していく。その上で、インターネットとのより良い付き合い方について考えさせる」
「家庭でも子どもたちのインターネット利用について気を配ってもらい……」

こういう、漠然とした話が、はっきり伝わるようになったはずです。

 確かに、そうです。

 最初の答案では、まだ具体化が不十分なんですよ。第三者が読むと、何をするのかイメージできない状態です。これでは「納得」「理解」が得られません。**「具体化する」というのは、相手の頭に状況がはっきり浮かぶようにすること**なんです。

 なるほど、そこまで考えていなかったです。

 特に教員試験、公務員試験、昇進試験では、「どういうことに取り組むべきか」という出題が多いです。例えば「自治体として地域の活性化にどう取り組むか」「管理職として職場の課題の解決にどう取り組んでいくか」とか、そういった出題です。それに対して、「取り組みの具体化」が不十分な答案がとても多いのです。

「そのためにどうするか」まで書き込まなきゃいけないんですね。

そうです。そこを**具体化できないということは、イコール「自分もわかっていない」ということ**なんですよ。

というと？

例えば「自分の身は自分で守らなければいけないことを指導していく」という点について、「そのために何をどうするか」が具体的に書けないとしたら、「どう指導したら良いのか自分もわかっていない」ということです。

でも、これから教員として実践することになるわけですから、それがわかっていないと駄目ですよね。

それはそうです。

教員採用試験以外でも、そういう答案がとても多いんです。

例えば、昇進試験でよくある答案として「私は係長として職場での情報共有を積極的に図っていきたい」「職場のコミュニケーションの活性化が私の責務だ」とか威勢の良いことが書いてあるだけで、「そのためにどうすれば良いのか」は何も書いてないことがあります。

でも、これから職場のリーダーとなるべき人がそれでは

駄目ですよね。さらに一歩掘り下げないといけないんですよ。

その場合はどんなことを書けば良いんです？

「情報共有」がテーマなら、例えばですが、

「毎日朝礼を行って、前日にお客様から寄せられたクレームや業務上で生じた課題を報告し合う。また、大きなトラブルが生じた際は、スタッフ全員にメールでトラブルの内容と改善策を流すことをルール化し、情報を共有化する仕組みを作る」

とか、そういう**具体的な手段も書いてあって初めて、「ああ、あなたはそういうことを考えているんだ」と採点者の「納得」「理解」が得られる**んです。そういうことが何も出ていなくて、ただ「情報共有を積極的に図っていきたい」「職場のコミュニケーションの活性化が私の責務だ」と書いてあるだけでは、非常に弱いですね。

どうやって具体性を高めるの？

どうやったら、そこまで書けるようになるんでしょう？

大事なことを掘り下げて考える習慣をつけるということ

です。これはとても大事なポイントなので、例題を使って練習してみましょう。

問題 18

社会人に求められることとは何か、考えを述べよ。

　この問題で、もとゆき君に300字くらいの短い答案を書いてもらいましょう。

　わかりました……。うまく書けているかどうか……こんな文章にしてみました。

問題18の解答例

　社会人に求められることは、自立である。私は現状では、生活全般に十分に自立ができているとは言い難い。しかし卒業すれば、これまでのような暮らしは終わりとなる。社会人となれば、しっかりと自立して生きていかなければならない。もちろん人に相談することはあるかもしれない。例えば、何か大きな決断をするときに親に電話をして、どうするのが良いか聞いたり、周りの友人にも相談してアドバイスをもらったりするということである。しかしそのような周囲の助言を参考にしつつも、最終的に決断し、その責任をとるのは自分である。これは大変厳しいことであるが、社会人となる以上、一人の人

間として自立して生きていくことが求められる。

　出題に対しての答えとして、「社会人に求められること
は、自立である」、これを最初にはっきり打ち出したのは
良いですね。それ以降は気になるところがあります。

　どこですか？

　「具体化」という点で言うと、「私は現状では、生活全般
に十分に自立ができているとは言い難い」はどういう点で
そう言えるのか、「社会人となれば、しっかりと自立して
生きていかなければならない」とは、具体的にどうするこ
となのかが書かれていません。

　なるほど……。具体性が大事だということだったので、
「例えば、何か大きな決断をするときに親に電話をして
……」という例を入れてみたんですけど。

　どこを具体化するかを考えた方が良いですね。この答案
で言いたいことは「社会人に求められることは、自立であ
る」ですよね。

　はい。

　これは答案のテーマと言ってもいいです。**テーマに直接**

関わることを具体的に書いた方が良いのです。そこが一番大事なのですから。でも、**大事でないところは、そこまで具体化にこだわらなくても良い**です。

 どこが大事なのか考えなきゃいけないんですね。

大事なところに自分で問いかけをする

 300字の制限で書くとしたら、「社会人に求められることは、自立である」、ここに関わる部分を優先して具体化します。冒頭でこのように言っている以上、社会人になったらどんな風に自立するのか、そこをもっと具体的にしたいですね。
「社会人となれば、しっかりと自立して生きていかなければならない」って具体的にどうすることですか？

 まず、親から経済的に自立することでしょうね。

 それはあります。他には？

 アパートとかクレジットカードの契約も自分で責任を持ってやらないといけないし……。

 そうですね。仕事の面ではどうです？　例えば、自分がミスをしたときに誰の責任になります？

それは自分の責任になりますよね。

ここまでで、だいぶ具体的な話が出ましたね。

このように、**「他には？」「こういう面ではどうか？」と**いう問いかけを自分でどんどんしていくんですよ。そしたら、具体的な話が出てくるでしょ。下書きにすると次のようになります。

問題18の下書き例

◎ 社会人に求められることは
・ 社会人となれば、しっかりと自立して生きていかなければならない（＝主張）。
○ 具体的には
・ 親から経済的に自立する。
・ アパート、クレジットカードの契約も自分で責任を持ってやる。
・ 仕事でミスをしたら自分の責任として捉える。

なるほど。

もうひとつ具体的にしたいのは、「私は現状では、生活全般に十分に自立ができているとは言い難い」の部分です。今回のテーマは「社会人に求められることは、自立」なので、「現状の自立できていない姿」「社会人となった後の自立した姿」を対比させると、「自立」のイメージが

はっきり浮かび上がって効果的です。

現状はどういうことが自立できてないんです？

 それは、経済的に親に頼っていますし……。

 他には？

 親と同居なので、住まいの面でも自立できてないです。

 じゃあ、その辺りを答案に書いてみましょう。こんな風に変えたらどうですか？

問題18の解答例（修正例）

　社会人に求められることは、自立である。私は大学までは親元で暮らし、経済的にも親に頼っていたため、成人しているとはいっても、事実上子どもと同じであった。しかし大学を卒業すれば、これまでのような暮らしは終わりとなる。社会人となれば、経済的に自立することはもちろん、アパートの契約やクレジットカードの契約など、すべて自分で判断して進めなければならない。人に相談することはあっても、最終的に決断し、その責任をとるのは自分である。仕事上のミスも、責任は自分で負わなければならない。これは大変厳しいことだが、社会に出たら、一人の人間として自立して生きていくことが求められるのである。

確かに、自立のイメージがはっきりしました。

あの……、初めの答案で書いてあった「例えば何か大きな決断をするときに親に電話をして……」の具体例はいらないですか？

その話は答案の本筋からそれますね。

この答案は「社会人に求められることは、自立である」がテーマです。ですから、「今、自立できていない自分」「社会人になった後の自立した姿」、この2つを具体化すると、「なるほど、これから自分がどう自立しなければいけないのか理解できているな」と採点者に伝わります。

はい。

でも、「例えば何か大きな決断をするときに親に電話をして……」という話は、「自立」を説明しているのではないですね。「自立した後もこういう形で人に相談することはあるかもしれない」と、「例外事項」を具体的に説明しているんです。それは、そこまで大事ではないですから、簡単に済ませて良いです。

「社会人としての自立」、ここを浮き彫りにするのに役立つところを具体化します。

なるほど、よくわかりました。

【気をつけて！よくある失敗例②】具体化が不十分

　第5講で挙げた例以外にも、具体化ができていない答案はたくさんあります。特に「そのために何をどうするのか」が書けていない答案が多いです。「具体化が不十分な書き方（×）」と「書いて欲しい具体例（◎）」を列挙しますので、答案を書くときの参考にしてください。

例1

× 「CO₂の排出を抑えるには、市民一人ひとりの意識を高め、みんなで問題を解決しようとする気運を高めていくことが大切である」→そのために何をどうするの？

◎ 「行政の広報誌で節電・省エネを呼びかける啓発活動に力を入れる。地球温暖化問題について考えるセミナー・シンポジウムを実施する」など

例2

× 「地域と学校が一体となって取り組み、子どもたちの安全を守っていかなければならない」→そのために何をどうするの？

◎ 「不審者を見かけたら学校に連絡を入れてもらうように、町内会を通じて住民に依頼する。子どもたちの登下校時の見守り活動を、地域のボランティアの方に

お願いする」など

例3

× 「私は貴大学で、4年間を通じて積極的、主体的な姿勢で勉学に励み、意義のある学生生活にしたいと考えています」→そのために何をどうするの?

◎ **「授業でわからなかった点はそのままにせず、自分で調べたり、質問したりして解決する。自分が関心のある『地域医療』の分野で研究テーマを探して調べ、レポートとして発表する」など**

例4

× 「課長として、社員がコンプライアンスの問題について相談しやすい雰囲気を課内に醸成していく」→そのために何をどうするの?

◎ **「朝礼、ミーティングなどの場で、何か気になることがあったらすぐに自分に相談するように、呼びかける。社員向けの相談電話番号を課内のわかりやすい場所に掲示する」など**

第 **6** 講

「課題文付き問題」
って苦手なん
ですが……。

1

課題文は何のためにある？

課題文付きの問題は入試の王道

　あと、小論文で課題文がついている出題がありますよね。難しい評論とかを読ませて答えさせる問題……。あれ、本当に苦手でした。

　大学入試の王道と言ってもいい出題ですね。**大学受験を控えている方は必ず押さえておきたい**です。第6講では、課題文付きの出題について考えてみましょう。まず、取り上げる範囲を明確にしておきます。**ここで取り上げる「課題文」とは、評論、社説、コラム、随筆など、筆者の意見、思想などが表れている文章のこと**です。

　それ以外にもあるんですか？

　昇進試験などでは「事例型（ケーススタディ）」の問題が出ることがあります。例えば「X社では、A、B、Cの3人の社員が働いている。Aは半年後に期限が迫った大規模プロジェクトのリーダーを務めており……」などと職場の状況を淡々と説明する文章が出てきて、「この職場の問題点はどこにあるか、述べよ」といった問いかけをするもので

す。これは、事実関係だけを説明した文章ですから、大学入試でよくある課題文付きの問題とは切り離して考えます。「事例型」の問題は、次の第7講で扱います。

いろいろなタイプがあるんですね。

それと、もうひとつ注意して欲しいことがあります。**大学入試の小論文で「下線部の理由を説明せよ」「傍線部はどういう意味か述べよ」といったことを書かせる問題があります。これは、小論文というより、「本文の解釈＝国語」の問題**なんです。

そうだったんですか？

論文とは、論じることが目的です。**「私はこう考える」「私はこういう発見をした」というように、自分の考えを筋道立てて記述するものが論文です。**もちろん自分の意見を書くために、まず課題文の内容を理解する必要がありますから、「本文の解釈＝国語」の力は必要です。その意味で関連はあるのですが、**ただ単に「傍線部はどういう意味か述べよ」と聞いているものは、「国語」の記述式の問題と考えてもらって良い**です。

じゃあ、そういう問題は国語の授業で習ったことを応用すれば良いと。

そうです。これから説明することは、「あなたの意見を述べよ」「自分の考えを論じなさい」といった、自分の意見を書かせる問題のことですから、国語型の問題とは分けて考えるようにしてください。

課題文は考える「手がかり」を与えてくれる

 ここで扱う問題の範囲をわかってもらったところで、そもそも課題文はなぜついているかを考えてみましょう。何のためだと思います？

 うーん、考えたことないです。課題文は理解するのが難しいですし、ついてない方が嬉しいんですけど（笑）。

 まあ、その気持ちはわかりますけど、それは置いておいて……。課題文は、物事を考えるための「手がかり」を提供しているんです。

 「手がかり」、ですか。

 はい。例えば、

「インターネット上の言論についてあなたの意見を述べよ」

こんな問題が出たらどうします？

いきなりこんなことを書けと言われても、何を書いたら良いか……。

　そうですよね。そこで、こんな課題文が提示されたとします。

問題
19

以下の文章を読んで、あなたが考えたことを述べよ。

課題文

　最近のインターネット空間に載っている情報や書き込みは問題が多い。根拠のないデマや排他的な言説、誹謗中傷が飛び交っている。どうしてこんなことになってしまったのだろう。インターネットはもはや私たちの生活に不可欠なインフラになっている。子どもたちが授業や自宅学習で使うことも多いはずだ。だが、子どもたちがインターネットに書いてあることをそのまま信じてしまったらとても有害だ。大人だって、読んで不快になる書き込みがたくさんある。インターネット上の各サイトの管理者はこのような書き込みを削除する責任がある。言論の自由は大事だが、今のような言説がまかり通って良いはずがない。インターネット上の書き込みについての取り締まりを強化し、不適切な書き込みに対しての法的な罰則を厳しくすることも検討すべきである。

こういう出題だったらどうです？

 これだったら、まだ書きやすいですね。これに関して意見を書けばいいわけだから。方向性が少し見えてきました。

 そうですよね。筆者はインターネット上の言論の問題点を述べています。

「根拠のないデマや排他的な言説、誹謗中傷が飛び交っている」「子どもたちがインターネットに書いてあることをそのまま信じてしまったらとても有害だ」「不適切な書き込みに対しての法的な罰則を厳しくすることも検討すべき」などです。

こういうことが問題点、論点として見えてきたので、「じゃあ、どうあるべきなんだろう」と考える手がかりができましたね。

このように、**課題文は考えるための手がかりを与えてくれる**んです。

 だったら、何もないよりはあった方が良いかも。答案はどうやって書けば良いんですか？

2

課題文付きの問題では
どうやって書くの?

まずは出題の指示と課題文の理解から

 答案を書くための基本は、これまで述べてきたことと同じです。**まず、問題の指示を理解することが大事**です。何を聞いていますか?

 「以下の文章を読んで、あなたが考えたことを述べよ」です。

 ということは、まず課題文の内容を押さえなければいけないですね。この課題文の主張を簡単にまとめると、どうなります?

 インターネット空間の書き込みがひどいということと、サイトの管理者がちゃんと対処すべきだということ……。

 大まかに言うとそうですね。要約すると……。

「インターネット上では根拠のないデマや排他的な言説、誹謗中傷が飛び交っている。子どもに有害であるし、大人も不

快になる。こういった書き込みはサイトの管理者が責任を
持って削除すべきだ。不適切な書き込みへの法的な罰則を
厳しくすることも検討すべきである」

　こんなところになるでしょう。じゃあ、これに対してあ
なたはどんな意見を持ったか、ということを書けばいいわ
けです。

　なるほど。その前にちょっと聞きたいんですけど、よく
「本文を要約した上で、考えを述べよ」というタイプの問
題がありますよね。要約するときのコツとかありますか？

要約はどうすれば良いの?

　**要約するには、文章の大きな流れをつかむことが大事で
すね。どういう順番で話が展開しているのかを考えます。**
答案を書くときには話のブロックを作って、主張を立て
て、一段落が長くなったら段落分けして……と、そういう
手順で文章を組み立てていくことを話しましたよね。

　はい。

　その組み立てが、課題文ではどうなっているかを見ま
す。何か言いたいことがあって文章にしているわけですか
ら、**この人は何が言いたくて、どういう順番で話を展開し
ているのかな、という点を見ます。**

この課題文の場合は、大きく分けると、次のような展開で書いていることがわかります。

❶ **問題提起**……「インターネット空間に載っている情報や書き込みは問題が多い」
❷ **具体的な問題点の指摘**……「デマや排他的な言説、誹謗中傷が飛び交っている。子どもたちがそのまま信じてしまったら有害。大人だって、不快になる」
❸ **結論**……「不適切な書き込みはサイトの管理者が責任を持って削除すべき。法的な罰則を厳しくすることも検討すべき」

上記のように、3段階で話を展開しているので、❶❷❸をつなげればいいわけです。

今回の課題文は短いものでしたが、**長いものになったら、まず、段落単位で、「この段落は課題文の中でどういう位置づけなのか」を考えるといい**です。この段落は「問題提起」なのか、それとも「ちょっと脇道にそれている部分」なのか、「前の段落の内容を具体的に説明」しているのか、そうやって大きな話の流れをつかみます。

各段落の横に「この段落は問題提起」とか、書き込んでおくと良いですね。その上で、話の骨格になる大事な段落だけを取り出します。そして、**各段落の中でもさらに大事な部分だけを取り出して、要約します。**

でも、課題文の展開を理解するのって難しいですよね。

そうですね。**理解を助けるために「書く材料を探すとき
に使える『4つの要素』」（93ページ）を活用することもで
きます。** この文章であれば、

- （主張）不適切な書き込みはサイトの管理者が責任を持っ
  て削除すべき。法的な罰則を強化することも検討すべき。
- （理由）インターネット空間に載っている情報や書き込みは
  問題が多い。
- （具体例）デマや排他的な言説、誹謗中傷が飛び交ってい
  る。子どもたちがそのまま信じてしまったら有害。大人だっ
  て、不快になる。

　こういう分類の仕方ができますね。
　「この部分が筆者の『主張』だな、ここは『理由』を説明し
ているな。これは『具体例』を紹介しているな」と、4つ
の要素を活用しながら課題文を整理するのも良いですね。
　一番大事なのは「主張」ですから、まずそれを見つけま
す。そして、「主張」をどのように導き出しているのかを
見るようにします。

課題文の内容を押さえた後は、同じ手順でOK

　課題文の要点がわかったら、あとは今までと同じ手順で
出題に沿って考えます。筆者の考えをどう思いました？

インターネット上の書き込みに問題があるのはわかるけど、罰則強化はやりすぎかなあと。

　それが「私はこう考える＝主張」の部分ですね。**課題文に対して自分の主張を展開するわけですから、読み手を「納得」させるためには、その理由が必要です。**「なぜ」そう思います？

　自由に発言できなくなるような気がします。言論の自由は大事だと社会の授業で教わりましたし。そもそも「不適切な書き込み」ってすごく曖昧な気がします。

　なるほど。ただ、「『不適切な書き込み』は、とても曖昧」で終わると、どう曖昧なのか読み手は「理解」できないですね。それを、もう少し「具体的」に言うとどうなります？

　何が適切で、何が不適切かっていう基準は、人によって違いますよね。線引きがとても難しいと思います。

　そうですね。それに、厳しくしすぎると、正当な批判まで処罰の対象になる可能性もあります。罰則強化で自由な書き込みができなくなるとすれば、それこそが「排他的」ですね。

　そうです、そうです。

3

「課題文への賛否」を
述べる場合の注意点

予想される反論に備える

　それと、もうひとつ考えたいこととして、言論の自由は大事だけれど、じゃあ子どもたちへの悪影響はそのままにして良いのかという点があります。これは予想される反論です。
　こういう賛否を述べるタイプの小論文は、予想される反論に対しても準備しておきたいです。この点はどうですか？

　どんなに書き込みを削除しても、いたちごっこになるし、問題のある書き込みは結局どこかで目にしますよね。だったら、子どもたちにインターネットについてしっかり教えることの方が大事なのでは。

　なるほど。「書き込みの罰則強化よりも、子どもたちにインターネットについてしっかり教える」ということですね。後半でそういう「主張」を立てましょう。読み手としては、そのために、どんなことをすれば良いかを知りたくなります。「方法論」を考えてみてください。

学校の授業で、インターネットの利用方法について、先生が教えると良いのでは？

　大事ですね。でも、「インターネットの利用方法について、先生が教える」だと、何をするのか読み手は「理解」できないです。「具体例」を考えてみてください。

　インターネット上に書かれてあることには、間違ったことや偏ったこともたくさんあるんだよ、と伝えるのはどうでしょう。
　本で調べたり、周りの人にも意見を聞いたりすることも大事だよ、と教えたりとか。あと、書き込む前に、誰かを傷つけないかよく考えるとか。

　それは大事ですね。情報を鵜呑みにせず真偽を確かめる、自分の発言に気をつける、ということはインターネットの利用だけでなくて、社会で生きていく上でも必要なことでしょうね。

4つの要素を活用して下書きを作る

　ここでも、第3講で紹介した4つの要素を使うと、書く材料が集まってくることをわかってもらえましたか？　ここまでの話をまとめると、下書きは以下のようになりますね。

◎ 私が考えたこと（＝主張1）

・ 不適切な書き込みに対しての法的な罰則の強化は行き過ぎ。

○ なぜ（＝理由）

・ 自由に発言できなくなる。言論の自由は大事。そもそも「不適切な書き込み」とは何かが曖昧である。

○ 「具体的」に言うと？

・ 何が適切で、何が不適切か、線引きが難しい。厳しくしすぎると、真っ当な批判まで処罰の対象になる可能性もある。

◎ 私が考えたこと（＝主張2）

・ 子どもたちへの悪影響については、書き込みの制限よりもインターネットの利用の仕方をしっかり教えることの方が大事。

○ どういうことをする？（＝方法論）

・ 学校の授業でインターネットの利用について教える。

○ 「具体的」に言うと？

・ インターネット上には、間違ったことや偏ったことがたくさんあることを教える。

・ 本で調べたり、周りの人にも意見を聞いたりすることの大切さも教える。

・ 発言をするときは誰かを傷つけないかよく考えることを教える。

> ＊　これらは、社会で生きていく上でも必要なこと（上記3点の別の意義を指摘）。

話の筋道がはっきりしました。

最後のところに「＊これらは、社会で生きていく上でも必要なこと（上記3点の別の意義を指摘）」というのが入っていますが、なぜこれが入ったんですか？

網かけをしたところですね。先ほど、インターネット教育の具体例を考えていく作業の中で、「情報の真偽を確かめることや自分の発言に気をつけることって、社会で生きていく上でも必要なことだよね」という話が出てきましたね。

ええ。

これは「取り組みの具体例」ではないですが、3つの取り組みの別の意義を指摘しています。いわば3つの具体例から派生した話です。

これを書いたら、読み手が「なるほど、この取り組みにはそういう意味もあるな。だから、子どもたちにこういうことを学ばせることが大事だな」と、「納得感」が得られるでしょ。さっき、もとゆき君と話をする中で、これも書いた方がもっと良くなるな、と思ったので付け加えたんです。

そうだったんですね。

 この本では4つの要素を活用するように勧めています
が、その意味は、4つの要素を「手がかりに」材料を集め
てくださいということです。

**最終的な目的は、読み手の「納得」「理解」を得ること
ですから、材料を集める中で「納得」「理解」を深める話
が派生的に出てきたなら、書き加えて良い**んですよ。慣れ
てきたらそういうこともやってみてください。

ただし、出題テーマから大きくそれないように注意しま
す。

 わかりました。

問題19の解答例

インターネット上の書き込みに問題のある言説が含
まれていることは確かだが、不適切な書き込みに対し
ての法的な罰則を強化することは行き過ぎだ。このよう
なことが認められると、自由な言論が萎縮してしまう。そ
れこそが排他性につながる。インターネット上の書き込
みについては、そもそもどれが適切で、どれが不適切な
のかの線引きが非常に難しい。権力者側に都合の悪
い書き込みについて、不適切だと判断される可能性も
ある。明らかに差別的な書き込みなどは別として、言論

の自由は最大限尊重されるべきだ。

インターネットが子どもたちに悪影響を及ぼすことも考えられるが、書き込みの制限よりも、インターネットの利用の仕方を教えることで克服していくべきだ。例えば学校の授業で、インターネット上には、間違った情報や偏った書き込みがあることを子どもたちに理解させる。その上で、インターネットの情報だけを鵜呑みにせず、本で調べたり、周りの人にも意見を聞いたりして真偽を確かめていくことも教えるべきだ。また、インターネット上で発言するときは、誰かを傷つけないかよく考えるように指導することも大切だ。このような教育はインターネットの利用だけに留まらず、実社会で生活する上でも活きるはずである。

　初めの段落が、筆者の主張に対しての直接的な意見です。ただ、これだけだと、「じゃあ子どもたちへの悪影響はどうするんだ」ということになるので、そこに対してのフォローを後半に持ってくる形にしています。

　あと、いかに線引きが難しいとはいえ、明らかに差別的な書き込みなどは許容すべきではないですから、その点についても一言触れた方が良いでしょう。これも派生的な要素として解答例の中に書き加えました。

　最後に、まとめのブロックがついてないですね。

はい、答案全体としては500字くらいあるので、つけても良さそうなところですが、敢えてつけていません。なぜかというと、第2段落の末尾で「このような教育はインターネットの利用だけに留まらず、実社会で生活する上でも活きるはずである」と書いているからです。ここですでに話はまとまっていますよね。

　確かに、これで終わった感じがします。

　この後にまとめのブロックをつけても重複感が出ますから、この答案ではつけない形にしています。こういう書き方もありです。**まとめは、答案の内容を見ながら、不要だと考えればつけなくても良い**んです。

4

「課題文への賛否」は必須?

頭から決めつけない

 よく、「小論文では、最初に筆者の意見に対して賛成か反対かを書く」という話を聞くんですけど。

 この答案では、冒頭で「不適切な書き込みに対しての法的な罰則を強化することは行き過ぎだ」と書いていますから、筆者の意見に反対であることはこれでわかります。これで十分伝わりますが、もっとはっきりと賛否を明らかにする書き方をしてもかまいません。例えば、

「私は筆者の考えに反対である。インターネット上の書き込みに問題のある言説が含まれていることは確かだが、不適切な書き込みに対しての法的な罰則を強化することは行き過ぎだ」

こういう書き出しでも良いですね。

先ほどの答案では、課題文の筆者の意見に反対する立場で書きましたが、もちろん、賛成する立場で書いても良いです。そのときは「匿名であるが故に、発言が無責任で過激になりやすい」「インターネットの心ない書き込みで被

害を受けた人が泣き寝入りしている」といった点を強調して、罰則強化を支持する書き方にします。

どっちにしても、最初に賛否を明らかにするのが必須なんですね。

いえ、それはちょっと違います。**最初に賛否を明らかにすべきかは、課題文の内容によりますし、出題にもよります。**今回の課題文は「インターネット上での書き込みへの罰則強化」という賛否が分かれるような話でした。それに対して「あなたが考えたことを述べよ」という聞き方だったので、課題文への賛否を示すという考え方で良かったんです。

ここで出題の仕方をちょっと変えてみます。大学の教育学部の入試、あるいは教員採用試験だったら、こんな出題になるかもしれません。課題文は、もう一度載せていますが、問題19と同じです。

出題がどこに焦点を当てているのかを見極める

問題
20

以下の文章を読んで、子どもたちのインターネット利用に関して、教員としてどのような指導をしたいと考えるか、述べなさい。

課題文 ▶

　　最近のインターネット空間に載っている情報や書き込みは問題が多い。根拠のないデマや排他的な言説、誹謗中傷が飛び交っている。どうしてこんなことになってしまったのだろう。インターネットはもはや私たちの生活に不可欠なインフラになっている。子どもたちが授業や自宅学習で使うことも多いはずだ。だが、子どもたちがインターネットに書いてあることをそのまま信じてしまったらとても有害だ。大人だって、読んで不快になる書き込みがたくさんある。インターネット上の各サイトの管理者はこのような書き込みを削除する責任がある。言論の自由は大事だが、今のような言説がまかり通って良いはずがない。インターネット上の書き込みについての取り締まりを強化し、不適切な書き込みに対しての法的な罰則を厳しくすることも検討すべきである。

　　うーん……。この場合は、課題文に賛成か反対かを書くとうまく答えられないですね。

　　そうなんです。これは課題文に対しての自分の意見を聞いているわけではないですね。何を聞いています？

　　「子どもたちのインターネット利用に関して……どのような指導をしたいと考えるか」、ですよね。

　　そうです。課題文にあるような現実を前提とした上で、

「子どもたちをどう指導しますか？」ということを聞いているわけですね。課題文そのものへの意見を求めているのではなくて、それを踏まえた「指導法」について意見を求めています。

　この出題の場合、課題文の役目としては「根拠のないデマや排他的な言説、誹謗中傷が飛び交っている」「子どもたちがインターネットに書いてあることをそのまま信じてしまったらとても有害だ」など、子どもたちへの悪影響を指摘することにあるわけです。**問題19と問題20とでは、「課題文の位置づけ」が違う**んです。

　そうなると、解答の仕方も変わってきますね。

　ええ。今回の場合は、課題文に賛成とか反対とかそういうことではなくて、「子どもたちのインターネット利用に関しては課題文にあるような問題点があるから、それを踏まえて教員としてこんな指導をしたい」と、そういう答案構成にするのが自然ですね。

　ということは、初めの答案（174ページ）の第2段落のような話ですか？

　そうです。

5

短い文章を
長くしていくには？

まず、増やせるブロックがないか確認する

 　教員採用試験は、少なくとも800字は書くのが普通ですから、先ほどの第2段落を800字くらいまで増やすにはどうすればいいか、考えてみましょう。現状は280字ほどです。罰則強化への賛否は置いておいて、教員としてこういう指導をしますという話を書きます。

 　僕、教員採用試験は受けないんですけど……(笑)。

 　そう言わずに、短い文章を長くしていくにはどうするのか、その練習としてやってみましょう。問われていることは「以下の文章を読んで、あなたは教員として子どもたちにどのような指導をしたいと考えるか」です。仮に答案全体を800字とするなら、どういうブロックで構成しますか？

 　聞かれていることは「以下の文章を読んで、子どもたちのインターネット利用に関して、教員としてどのような指導をしたいと考えるか」の1点ですね。でも、いきなり具体的な指導から入ると唐突ですね。

はい。今回は、課題文を読んだ上で指導法（取り組み）を書きます。ですから、インターネットの影響・危険性について書いたこの課題文をどう受け止めたのか、初めに書いておきたいですね。

　その上で「取り組み」を書いて、最後に「全体のまとめ」、という3つのブロックにしたらどうでしょう？

　いいですね。**先ほどの第2段落の内容が「取り組み」にあたりますから、そこに「課題文の受け止め」と「全体のまとめ」のブロックを追加すれば、文字数を増やすことができます**ね。
　では、次の3つのブロックで中身を考えてみてください。

　①インターネットの影響・危険性について（課題文の受け止め）
　②教員としての指導内容・取り組み（本題）
　③全体のまとめ

　初めのブロックは、課題文の内容をまとめつつ書けば良いですよね。

― **問題20の下書き例（ブロック①）** ―

◎　インターネットの影響・危険性について（課題文

> の受け止め）
> ・ 教育の分野においてもインターネットは積極的に
> 　活用されている。
> ・ 一方で、インターネット上の問題のある言説は子ど
> 　もたちに悪影響を及ぼす（課題文に触れる）。
> ・ 子どもたちがインターネットと適切に付き合ってい
> 　けるように、教員として取り組んでいきたい。

　こういう内容で良いですよ。では、続く「取り組み」の
ブロックはどうでしょう？　長くできそうですか？

文字数を増やすコツも、「分類」にあり

　うーん、難しいです。もともと短い文章をどうやったら
長くできますか？

　第4講で「段落分けするときは話の中身で分類する」と
いうことを言いました。この考え方は、短い話を長く膨ら
ませるときにも使えます。**まず、すでに書いている文章を
よく読んで話を分類し、掘り下げていけそうな「柱（＝
テーマ）」を探します。いくつかの柱が立ったら、それぞれ
の柱の中身をどんどん具体的にしていけば良い**んです。例
えば、取り組み内容をAとBという2つの柱に分類して、
それぞれを詳しく掘り下げていきます。
　先ほど書いた第2段落の内容（学校教育での取り組み）を2

つに分類するとすれば、どういう柱を立てれば良いと思いますか？

　2つの柱を立てて分類するといっても難しいですね。どれもインターネット利用についての話だから、似たり寄ったりですし……。

　似たり寄ったりだけれど、よく考えていくと特徴が見えてきますよ。具体的な指導を書いていたのは、以下の部分ですね。

「インターネット上には、間違った情報や偏った書き込みがあることを子どもたちに理解させる。その上で、インターネットの情報だけを鵜呑みにせず、本で調べたり、周りの人にも意見を聞いたりして真偽を確かめていくことも教えるべきだ。また、インターネット上で発言するときは、誰かを傷つけないかよく考えるように指導することも大切だ」

　ええ。

　インターネットを利用するときって、大きく分けると、2つの立場がありますよね。

　2つですか？

　情報を受け取る側と……？

発信する側ですか？

そうです。さっきの取り組みは、大きく分けるとこうなりますよ。

●**情報を受け取る側の注意点**……インターネット上には、間違った情報や偏った書き込みがあることを子どもたちに理解させる。その上で、インターネットの情報だけを鵜呑みにせず、本で調べたり、周りの人にも意見を聞いたりして真偽を確かめていくことも教えるべきだ。

●**情報を発信する側の注意点**……インターネット上で発言するときは、誰かを傷つけないかよく考えるように指導することも大切だ。

ああ、確かに。

これは大きな違いですよ。
　一見、同じような取り組みが並んでいるように見えても、どこかに分類できる要素がないかと考えることが大事です。

では、この2つを柱にして掘り下げるとして……。

それがいいですね。「情報の受け取り方」「情報の発信の

仕方」、それぞれどういうことをすれば良いんでしょう?

下書きを作って、さらに「具体化」していきましょう。

「分類→具体化」をくり返す

 こんな内容でどうでしょう。

─── **問題20の下書き例（ブロック②:その1）** ───

◎　教員としてどう指導するか!（=方法論）

・　情報の受け手として、情報を読み解く力を育てる。

○　具体的には?

・　授業の中で、間違った情報が拡散して問題になった事例を取り上げる。インターネットの情報を鵜呑みにしてはいけないことを教える。

・　インターネット上に載っている記事が本当に正しいか、本で調べたり、人に聞いて確かめさせたりする授業も取り入れる。

 いいですよ。こういうことって「メディア・リテラシー」とも言われているので、その言葉を使っても良いですね。2つ目の柱はどうです?

 こんな感じでどうですか?

── 問題20の下書き例（ブロック②：その2）──

◎ 教員としてどう指導するか2（＝方法論）

・ 情報の発信者になるときに大事なことを教える。

○ 具体的には？

・ 授業の中で、インターネットでは一度発信した情報は取り消すことが困難であることを教える。

・ 自分が発言をするときは、誰かを傷つけるような言葉はないか、プライバシーを侵害する内容は含まれていないかを考えさせる。

・ わからないときは、書き込みをしない。大人に相談する。

目に浮かぶような具体的な事例です。とても良いです。
　あと、この答案の場合は、最後に全体のまとめのブロックをつけた方が良いですね。字数的にも800字ありますし、取り組み2の末尾が、答案全体のまとめになるという印象は受けません。「私は教員としてこういうことに取り組むんだ」と、再度強調した方が力強い印象になります。

── 問題20の下書き例（ブロック③）──

◎ 全体のまとめ

・ 教育の分野でもインターネットの活用はますます広がっていく。

・ 子どもたちがインターネットをうまく活用できる力を育てていきたい。

ここまでの下書きを元に、一続きの文章として書いてみましょう。

問題20の解答例

　学校教育においてもインターネットは欠かせないものとなっており、調べ学習などにおいて積極的に活用されている。一方で課題文が指摘するように、インターネット上では問題のある言説が飛び交っており、子どもたちに影響が及ぶことが考えられる。そこで、子どもたちがインターネットを適切に活用できるように、教員として以下のことに取り組んでいきたい。

ブロック1

　1つ目に、メディア・リテラシーを鍛えることである。インターネット上に書かれてあることは、必ずしも正しいことばかりではない。間違った情報や偏った内容もたくさん含まれている。こうした情報を読み解く力を育てたい。例えば、授業の中で、間違った情報が拡散して問題になった事例を取り上げ、インターネットの情報を鵜呑みにしてはいけないことを教えていく。また、インターネット上に載っている具体的な記事を取り上げ、その記事に書かれてあることが本当に正しいか、本で調べたり、人に聞いたりして確かめさせる授業も取り入れる。いくつもの角度から情報を確認し、自分自身で真偽を考えることの意義を教えていきたい。

ブロック2

　2つ目として、インターネット上で自分自身が発信者

となるときに十分に注意を払うことを指導したい。授業の中で、インターネット上の発言は世界中の人が見ることができ、一度発信した情報は次々に拡散して取り消すことが困難であることを教えていく。その上で、発言をするときは誰かを傷つけるような言葉はないか、人のプライバシーを侵害する内容は含まれていないかなどを、よく考えることを指導する。自分で判断できないときは、書き込みをしないことや、大人に相談することなども伝えたい。

　今後、教育の分野でもインターネットの活用はますます広がっていくものと思われる。私は以上の取り組みにより、子どもたちがインターネットをうまく活用できる力を育てていきたい。

ブロック3

　出題の求めにきっちり応じていますし、課題文の内容も踏まえた答案です。取り組みの中身としても具体的です。良い答案ですね。
　この答案は、課題文に賛成だとか反対だとかは何も言っていません。今回それは求められていないからです。

　出題によって全然書き方が違うんですね。

　指定字数がもっと長くなったら、1つ目と2つ目の取り組みをさらに具体的に掘り下げる、あるいは3つ目の柱を立てる形で構成していけば良いです。

なるほど。「分類」と「具体化」をくり返せばいいんですね。でも、3つ目の柱を立てるっていっても、そんなに簡単ではなさそうですが……。柱を増やすときのコツとかってありますか？

　いろいろな取り組みの分類のパターンを知っておきましょう。

●**取り組みの質的な違いで分類**……「全く新しい取り組み」「従来の延長線上の取り組み」

●**取り組みの主体によって分類**……「自分自身の取り組み」「周りを巻き込んでいく取り組み」

●**取り組みの優先順位によって分類**……「優先度の高い取り組み」「優先度が下がる取り組み」

　他にも考えられますが、**何らかの違いを見つけて分類すると良い**です。

6

問題文が変われば、
対策も変わる

常に4つの要素すべてが必要になるわけではない

同じ課題文を使った問題を、もう一例挙げてみましょうか。こんな出題だって考えられますよ。

> **問題21**
>
> 　筆者が述べる「不適切な書き込みに対しての法的な罰則を厳しくすること」が実現した場合、どのような問題が生じると考えられるか、述べなさい。

こういう出題は大学入試でありがちです。この場合はどうします？

「『不適切な書き込みに対しての法的な罰則を厳しくすること』が実現した場合、どのような問題が生じると考えられるか」、ここに答えるんですよね。ということは、初めの答案（174ページ）の第1段落のような内容になりそうですね。

そうです。問題では「法的な罰則を厳しくすることが実

現した場合」という仮定の下に、どういう問題が生じるかを考えさせています。**罰則強化に自分が賛成か反対かは置いておき、想定される問題点を考えればいい**わけです。

じゃあ、あの答案の第1段落をそのまま使って良い？

書き方はちょっと変える必要があります。先ほどの答案では、冒頭部分で「不適切な書き込みに対しての法的な罰則を強化することは行き過ぎだ」と、課題文の主張に対しての意見表明をしていました。**今回の出題は課題文への意見は聞いていませんから、こういうことを書く余地はありません。「こんなことが問題として想定される」と、そこを詳しく書きます。**

答案の下書きはどうやって考えれば良いんですか？

まず、「不適切な書き込みに対しての法的な罰則を厳しくしたら、こういう問題が生じる」ということを、「私はこう考える＝主張」として掲げます。この主張について、「なぜそう言えるのか＝理由」と「具体例」を書き添えて、掘り下げていくと良いですね。

下書きを考えてみましょう。

—— **問題21の下書き例** ——

◎罰則を厳しくすることでどのような問題が生じるか

・ 法的な罰則が厳しくなると、言論の自由が萎縮する

可能性がある（＝主張）。
○ なぜそう言えるのか（＝理由）
・ 何が「不適切」なのか、その基準を定めることは難しい。
○ 具体例で考えると
・人から聞いた噂話を書き込んで、それが事実でなかった場合は不適切な書き込みか？ 報道機関が出したニュースを引用して、それが誤報であったら不適切か？
○ 別の具体例で考えると
・真っ当な批判が「排他的な言説」として扱われるかもしれない。権力者側に都合の悪い書き込みが、不適切だと判断される可能性もある。

　このように、「主張」「理由」「具体例」で答案が構成できます。

　そういえば、4つの要素の中のうち「方法論」は入っていないですね。書かなくてもいいんですか？

　はい。もう一度問題文を読んでみてください。「どのような問題が生じると考えられるか」と、今後発生する問題に焦点を当てて聞いています。だから、「問題にどう対処するか＝方法論」は、書く必要はないのです。
　常に4つの要素すべてが必要になるわけではありませ

ん。**どの要素で材料を集めれば良いのか、その点について
も出題の指示を見ながら考えていきます。出題に応じてう
まく組み合わせていくことが大事**です。

 そうそう、一番大事なことは、問題文の理解でした。型
どおり4つの要素で材料を集めるわけではないんですね。

 最後に、完成答案を見てみましょう。

問題21の解答例

　不適切な書き込みに対しての、法的な罰則が厳しく
なった場合、言論の自由が萎縮する可能性がある。そも
そも何をもって「不適切」となるのか、その基準を定める
ことは非常に難しい。

　社会を混乱させるようなデマを発信することが許され
ないのはわかるが、人から聞いた噂話を書き込んで、そ
れが事実でなかった場合はどうなるのだろうか。また、
報道機関が出したニュースを個人が引用して書き込ん
で、後から誤報と判明するケースも想定される。その場
合に違法性は問われることになるのか。このように、適
切・不適切の線引きが難しい。

　さらに、「不適切」の範囲を拡大解釈して、真っ当な
批判まで「排他的な言説」として扱われるかもしれな
い。場合によっては、権力者側に都合の悪い書き込み
について、不適切だと判断される可能性もある。恣意的

な運用につながることも否定できず、大きな問題をはら
んでいると言える。

 答案の末尾で十分まとまっているので、まとめのブロッ
クはつけていません。
　この答案も課題文への賛否は何も言っていませんが、こ
れできちんと答えたことになります。

 なるほど。出題の意味をよく考えて、課題文の扱い方を
考えるわけですね。課題文付きの問題への答え方がわかり
ました。

第 **7** 講

「図表・事例を元に書け」
も困るんです
けど……。

「図表付き」問題への対処法

出題の意図を考えて、図表の特徴をつかむ

 　第7講では図表などの資料がついた出題について考えてみましょう。大学入試でよく出されますし、一部の公務員試験、昇進試験でも出題されます。

 　グラフとかがついているやつですよね。このタイプも苦手です。グラフの何を見たら良いのかよくわからないです。

 　グラフは特徴をつかむことが大事です。そして出題の意図も加味して考えます。

問題 22

　このグラフは本県の外国人の子どもの数を示したものです。ここから本県の教育に関して、どのような課題が想定されるか述べなさい。

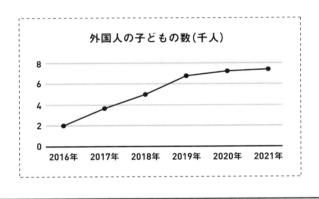

外国人の子どもの数（千人）

　折れ線グラフの特徴は、「変化を見る」ことができる点です。ですから、セオリーとしては、

● 全体的な変化を見る（全体として上昇基調か・下落基調か）

● 上昇幅・下落幅を見る（ある地点からどれくらい上昇したか・下落したか）

● 傾向が変わっているところを見る（ある地点で上昇が下落に転じた、上昇カーブが急になった、緩やかになったなどの変化）

このようなところを見ます。

この問題の場合、このグラフの特徴をどうとりますか。まず、グラフ全体として何が言えます？

右肩上がりですね。

そうです。どんどん増えているから、外国人の子どもの受け入れ体制をしっかり固めないといけないでしょうね。ちなみに始めと終わりでどれくらい増えています？

2021年は7000人以上いるから、2016年に比べると5000人以上増えています。3.5倍ちょっとですか。

そうです。そういうことも書いた方が良いでしょうね。解答例を見てみましょう。ポイントを端的に理解してもらうために、ごく短い例を示します。

問題22の解答例

本県では過去5年間で外国人の子どもの数が3.5倍強に増えており、2021年には7000人を超えている。このため、日本語教育を行う教員の増員や、日本の授業についていけない子どもに対しての補習など、受け入れ体制を強化していくことが課題として想定される。

5年で外国人の子どもの数がこんなに急に増えたら、早急に受け入れ体制を整えなきゃいけないですね。そこで、答案では5年前と後を比較してこんなに増えたということを強調します。

同じ形のグラフでも立場によって捉え方は全く違う

　　折れ線グラフでは、最初と最後の数値を比べれば良いんですか？

　　いやいや、そうじゃないです。次の問題を見てください。

問題
23

　　このグラフは当社のサービスの契約数を示したものです。ここから当社の営業に関して、どのような課題が想定されるか述べなさい。

契約件数（万件）

2016年　2017年　2018年　2019年　2020年　2021年

折れ線グラフの形は全く同じです。仮に昇進試験でこういう出題が出たとしましょう。この場合はどこに注目します？

 　うーん、契約は順調に伸びているのでは。

 　上昇の速度はどうです？

 　2019年までは急に伸びているけど、その後がゆっくりですね。

 　そこが大事です。企業の場合は売り上げを伸ばして成長を続けることが使命です。それを考えたら、2019年で上昇スピードが落ちて、2020年以降はほとんど横ばいです。企業として、これはまずいですよね。

 　ということは、そこを書くと。

 　そうです。例えば、このような解答が考えられます。

問題23の解答例

　当社のサービスは2016年以降順調に拡大し、2019年までに5万件近く増やしてきたが、その後伸びが鈍化し、2020年以降はほとんど横ばいとなっている。さらなる成長を目指して、営業手法を見直す時期に来てい

ると考えられる。

　全く同じ形のグラフなのに全然見るポイントが違います
ね。

　ええ。折れ線グラフの基本的な見方は、最初に挙げた通
りです。あれを参考にしつつ、**最終的にどこに注目するか
は問題次第**です。

　初めの問題だったら、教育行政の立場から、外国人の子
どもの数が5年間で急激に増えた、というところに注目す
べきでしょうし、後の問題だったら企業経営の立場から、
直近の2年の契約の伸びが落ちていることに注目すべきで
しょう。2つの見方は全く違います。

　ということは、やはり出題を理解しないと……。

　そうです。この本では徹底的にそれを追求します。

複数の資料がある問題も考え方は同じ

　では、もっと本格的な答案を書いてみましょう。

問題 24

　以下の資料を参照した上で、市政に関してどのような課題があるかを指摘し、それに対してどう取り組んでいくべきか、考えを述べなさい（800字程度）。

【資料1】
市政に市民の意見が反映されていると思いますか

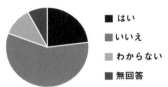

- ■ はい
- ■ いいえ
- ■ わからない
- ■ 無回答

【資料2】
★上記で「いいえ」と答えた人に対しての質問

「どのような理由で市民の意見が反映されていないと考えますか」（複数回答）

市政に対しての意見を述べる機会がない	54.4%
意見を述べてもどう反映されたかわからない	43.3%
特定の人の意見ばかりが反映されている	10.4%
その他	12.3%
無回答	6.5%

　資料が2つあって、合わせ技ですね。

　資料と問題を見てみましょう。まず、問題で聞かれていることは、何でしょう？

えーっと、

「1. 市政に関してどのような課題があるかを指摘」
「2. それに対してどう取り組んでいくべきか」

この2つです。

　そうです。まず、市政に関しての課題を考えることから始めます。資料1はどんな特徴があります？

「いいえ」が多いですね。半分以上います。

　そうですね。<u>円グラフは割合を表すグラフですから、「多いところにまず注目する」が基本</u>です。市政について考える立場からすると、半分以上の人が「市政に市民の意見が反映されていない」と思っているわけですから、これは大きな問題ですよ。だから、「市民に自分たちの意見が市政に反映されていると実感してもらう」のが「課題」になるでしょう。

　資料2はどうするんですか？

　<u>これはリスト型の資料です。割合を示していますから、やはり、「多いものに注目する」が定石</u>です。「市民に自分たちの意見が市政に反映されていると実感してもらう」方策を考える上での参考にします。「いいえ」と答えた人は

どこに不満を持っているのでしょう？

　「市政に対しての意見を述べる機会がない」「意見を述べてもどう反映されたかわからない」とか、この辺が多いですね。

　そうですね。だから、「市政に市民の意見が反映されていない」と感じているわけです。その点を改善しなければいけないです。じゃあ、どういう方策をとれば良いでしょうか？　「方法論」を「具体的」に考えましょう。

　アンケートの裏を返せば、「市政に対しての意見を述べる機会」を作れば良いんでしょうけど……。市民を集めて意見を言ってもらう場を作るとか？

　それは大事です。自治体によっては「タウンミーティング」を行っているところがあります。地域の公民館などに行政側が出向いて、市民と意見交換をする取り組みです。他にも、例えば市役所などに、「ご意見箱」を設けたりする例もありますね。

　見たことあります。そういう「具体的」な取り組みを書けば良いんですね。

　はい。それと、アンケートでは、「意見を述べてもどう反映されたかわからない」、この項目も割合が高かったで

すよね。役所のウェブサイトには「市民の皆様のご意見を
メールでお寄せください」といったことが書かれてありま
す。でも、メールを送っても何も反応がなければ、自分の
意見が反映されたとは感じないでしょう。そういう不満が
あると考えられます。これに対しては何をすれば良いんで
しょう？

「こういう意見が来たので、こういう風に対処しました」
ということが市民に伝わると良いですね。

もっと「具体的」にすると？

寄せられた意見に返答すると良いでしょうね。

すべてに返答するのは難しいかもしれませんが、せめ
て、「こういう意見が多く寄せられたので、市としてこの
ように対処しました」ということをまとめた資料があると
良いですね。

あと、時々お店なんかにいくと、お客からの意見に対し
ての回答を張り出しているところがありますね。

見かけます。先ほどの「ご意見箱」にしても、「こうい
う意見があったので、こう対処しました」みたいな対応策
が役所内に張り出されていると、「ちゃんと自分の意見が
反映されたな」と実感できますね。そういうことも入れて

みましょう。

───── 問題24の下書き例 ─────

◎ 市政に関してどのような課題があるかを指摘
○ 資料の分析＝課題が導き出される理由
・ 資料1からわかること……「市政に市民の意見が
 反映されていると思いますか」に半数以上が「いい
 え」と答えた。
・ 資料2からわかること……「市政に対しての意見を
 述べる機会がない」「意見を述べてもどう反映され
 たかわからない」を挙げた人が4割から5割いる。
○ 上記から導き出される主張
・ 市の課題とは……市民に自分たちの意見が市政
 に反映されていると実感してもらうこと。

◎ それに対してどう取り組んでいくべきか
○ 市民が意見を述べる機会を増やす（＝方法論1）
・ 例えば……市内の学区ごとにタウンミーティング
 を開催して市民の要望や苦情を聞き取る。
・ 例えば……市役所などにご意見箱を設置。市民が
 日常的に政策への要望や意見を述べられるように
 する。
○ 寄せられた意見が市政にどう反映されているか市
 民に伝える（＝方法論2）
・ 理由……意見を聞きっぱなしでは、自分の意見が
 反映されたという実感を持てない。

・　具体的にどうする？……タウンミーティング、ご意
　　見箱の意見などをまとめた資料を作る。インター
　　ネットで閲覧できるようにする、市役所の壁にも掲
　　示しておく。

◎　全体のまとめ
・　市民の意見を十分に反映した市政を実現すべき。

問題２４の解答例

　資料１より、「市政に市民の意見が反映されていると
思いますか」という問いに半数以上が「いいえ」と答え
ており、多くの市民がこの点に満足していないことがわ
かる。また、資料２より、その理由として「市政に対して
の意見を述べる機会がない」「意見を述べてもどう反
映されたかわからない」を挙げた人が４割から５割を
占めており、改善の余地があることがわかる。以上のこ
とから、市民からの意見の聴取、行政からの結果の発信
に取り組み、市民に自分たちの意見が市政に反映され
ていると実感してもらうことが本市の課題である。
　そのために、まず、市民が意見を述べる機会を増や
すべきである。具体的には市内の学区ごとにタウンミー
ティングを開催すると良い。行政側と市民とが直接顔を
合わせて、市民の要望や苦情などを聞き取る機会を作
るべきだ。これは一度限りの行事にせず、毎年定期的

に開催することが大事だ。行政と市民の接点を保ち、政策の中に活かしていく。また、市民が日常的に行政側に意見や要望を述べられるような仕組みを作っておくことも求められる。そのために、市役所や図書館などの市の施設にご意見箱を設置して、意見を常時受付けるようにしておく。このように、役所の方から働きかけて市民の意見をくみ取る仕組みを作るべきである。

　また、寄せられた意見が市政にどう反映されているか、市民に伝わるような仕組みも作る必要がある。せっかく市民が意見を述べる機会を作っても、聞きっぱなしでは、市民は自分の意見が市政に反映されたという実感を持つことができない。そこで、タウンミーティングで寄せられた意見や、ご意見箱に投函された要望などをまとめ、それらを市が政策にどう活かしたかまとめた資料を作ると良い。この資料はインターネットでいつでも閲覧できるようにしておく他、市役所の壁にも掲示しておく。こうした取り組みを庁内で進めていくべきである。

　市民の意見は、市政を進める上での基礎である。以上のことを実行し、市民の意見を十分に反映した市政を実現すべきである。

　答案の第1段落では、最初に資料の分析（理由）を持ってきて、最終的に市の課題を指摘する（主張）、という流れにしました。**今回は資料があるので、「資料からこういうことがわかるので、最終的にこれが課題だと言えます」**と

いう構成をとりました。

主張を最後に持ってくる書き方もあるんですね。

はい。「主張」は、「結論」とも言い換えられます。結論を先に書くか、いろいろ説明した後で最後に結論を書くかの違いです。

2

「事例付き」問題への対処法

昇進試験などで取り入れられている出題形式

 最後に、事例型の問題も押さえておきましょう。

 図表がついているのは見たことあるけど、事例型ってどんなのですか？

 例えば、こんな問題です。

問題
25

　　以下の職場の問題点を挙げた上で、あなたが係長であればどのように改善するか述べなさい。

　事　例

　X市役所のY係では、係長以下、A、B、Cの3人の職員が市立体育館等の施設の管理・運営を行っていた。このうちAは主任クラス、Bは中堅職員で、Cは若手である。Bは体育館の催事の企画の他、休館日等のスケジュールを決め、広報する仕事を担当していた。あるとき、体育館の臨時メンテナンスを行うこととなり、その日取りが2月4日と決定した。Bは周知のため、体育館内に張り紙をした

他、体育館のウェブサイトのトピックコーナーでも臨時休館日があることを掲載した。しかし、実際には2月4日に多数の利用者が体育館を訪れ、抗議を受けることとなった。調べてみると、ウェブサイト上には休館日が誤って2月5日と表記されており、情報を掲載したBはもちろん、他の係員も気付かずにいた。また、過去にウェブサイトで更新した情報の中にも、誤ったものが含まれていることがわかった。

　一方、CはSNSを使って私的に自分のアカウントから投稿を行うことがよくあった。内容は毎日の出来事など他愛もないものであった。あるとき市民から「市役所のY係の職員が、勤務時間中にSNSに投稿している」との通報があった。調べてみるとCの顔写真などが掲載されているアカウントがあり、Cに問いただすと勤務時間中に投稿を行っていたことを認めた。他の職員についても調べたところ、勤務時間中には使っていなかったものの、全員がSNSのアカウントを持っていることがわかった。

　うわー……、何ですかこれ。ややこしそう……。社会人になったら、こんな試験を受けなきゃいけないんですか……。

　一部の昇進試験で取り入れられている出題形式です。こういう職場の事例を題材にした問題が多いですね。将来に備えてやってみましょうよ。

わ、わかりました……。第6講で出てきた課題文とは雰囲気が違いますね。

ええ。**ここに出ている文章は、単に状況を説明しているだけで、書き手の意見や思想は入っていません。**だから、「筆者の意見について、あなたはどのように考えるか述べなさい」という出題はあり得ないですね。
事例ですから、何が問題なのかをつかむことが大事です。

事例付きでも、いつもの手順を踏めば書ける

どこから手をつければ良いですか？

いつものことですが、出題の指示を押さえましょう。何を聞いています？

「職場の問題点を挙げる」ということと、「あなたが係長であればどのように改善するか」の2点ですよね。

そうです。まず、この職場の問題点を考えてみましょう。大きく分けていくつあるか考えることから始めます。いくつ問題点がありそうですか。

うーん……、体育館のメンテナンス日告知のミスと、

SNSの投稿の2つなのでは？

 そうですね。それを押さえた上で、じゃあ、それぞれどこがどう問題なのか掘り下げます。いつものように4つの要素を使いましょう。**まず、一番基礎になる「私はこう考える＝主張」の部分です。**メンテナンス日の告知ミスについて、一言で「この職場の問題点はここにある」と指摘するとしたらどうなりますか。

 サイトの管理がいい加減というか。

 ええ、それはあります。端的に言うと、「ウェブサイトに載せる情報の管理ができていない」になるでしょうね。では、「なぜ（理由）」そう言えるんでしょう。事例に書かれていることを挙げてください。

 それは、間違った日付をアップしているし、それで利用者が来ちゃったんですよね。

 そうそう、他には？

 あとは以前の情報も誤っていたし……。

 それもあります。あと、Bだけでなく、他の人も間違いに気付いていなかったというのも、問題ですよね。

確かに。

 「SNSの投稿」については、「この職場の問題点はここだ」と一言で言うとどうなります？

 危機管理ができてないですよね。こんなことしたらすぐわかるのに。

 「SNS投稿の危機管理ができていない」、これが「主張」になりそうです。「なぜ」そう判断できますか？

 勤務時間中に投稿してますもんね。あとアカウントに自分の画像が載っているし。

 SNSに自分の画像を載せることは、こういう時代だから慎重であるべきでしょうね。

 あと、ここでは市民から通報されたとありますが、水面下でもっと拡散していて市役所全体が叩かれているのでは。そこにまだ気付いてないだけで。

 可能性はありますが、それは「想像」であって、この事例からはわからないですよね。**答案に書くことは、事例に書かれてある事実と、そこから判断できることのみに留めます。**

なるほど。

　ここまでの話をまとめると、こんな風に下書きができますね。

━━━ 問題25の下書き例（前半）━━━

◎　職場の問題点を挙げる

○　問題点1……ウェブサイトに載せる情報の管理ができていない（＝主張）

○　そのように言える理由・具体的事例

・　実際とは異なる休館日をウェブサイト上にアップ。

・　職場の他の人もその点に気付いていない。

・　過去に掲載された情報にも誤りがある。

○　問題点2……職員のSNS投稿の危機管理ができていない（＝主張）

○　そのように言える理由・具体的事例

・　Cが勤務時間中に、私的にSNSに投稿した。

・　アカウントには自分が特定される情報が載っていた。

・　その結果、市民から抗議を受けた。

4つの要素で材料を集めれば難しくない

　今度は「あなたが係長であればどのように改善するか」を考えます。

係長なんて言われてもわからないですよ（笑）。

そうでしょうけど、要は再発防止に向けてどう改善する
かですよ。自分だったらどうします？　先ほど、下書きで
問題点1、2を考えましたよね。それを元に、じゃあどう
すれば良いのかという話です。

1つ目の、「ウェブサイトに載せる情報の管理ができて
いない」問題については、どう思います？

僕が入っているサークルでも、ウェブサイトにミーティ
ングの開催日時を間違って載せてしまったミスがありまし
たけど、やっぱり複数の目でちゃんと確認をすることです
か？

はい。「複数の目で確認する仕組みを作る」というのが
1つ目の「方法論」として立てられます。

それを係長の立場でもっと「具体化」すると、「情報を
アップロードする際に係長が確認することをルール化す
る」といったことになるでしょうね。あとは係長が不在な
ときもあるでしょうから、そのときは主任がチェックする
とか、決めておくと良いでしょう。

2つ目の「職員のSNS投稿の危機管理ができていない」
問題についてはどうです？

大学に入ったときにオリエンテーションで、「SNSでの

トラブルに気をつけよう」みたいな話を聞いたのを思い出しました。そういうことをやる感じですか？

　いいですね。2つ目に「職場で研修を行う」という「方法論」が立てられますね。そこに「他の職員もSNSのアカウントを持っているので、同様のトラブルが起きる可能性があるから」という「理由」を添えても良いです。
　研修を「具体化」すると、どんなことをすれば良いでしょう？　大学のオリエンテーションでは何をやっていたんですか？

　初めにSNSでこんな大きなトラブルになった事例があるという話をしてて、その後で投稿するときは慎重にしなさいとか、個人情報はむやみに載せないとか……。

　それは、今回のケースでも言えますね。あとは勤務時間中はやってはいけないということも指導する必要がありますね。
　下書きとしてはこんなところでしょうか。

問題25の下書き例（後半）

◎　あなたが係長であればどのように改善するか

○　複数の目で確認する仕組みを作る（＝方法論1）

・　具体例1……アップロード前に私の元に原稿を提出してもらい、確認することをルール化する。

・　具体例2……仮に私が出張等で不在にしている場

合には、A主任が確認することにする。

○ SNS等を利用する際の研修を行う（＝方法論2）

・ 理由……他の職員もSNSのアカウントを持っており、同様のトラブルが起きる可能性がある。

・ 具体的な研修内容……SNSが元で官公庁や企業で起きたトラブルの事例等を紹介。投稿や個人が特定できる情報の掲載は慎重に行う、勤務時間中は使わないこと、などを指導する。

「職場の問題点を挙げる」「あなたが係長であればどのように改善するか」この2つのブロックの下書きができましたが、最後にまとめのブロックをつけても良いですね。

─── 問題25の下書き例（まとめ部分）───

◎ まとめ

・ ウェブサイトやSNSの利用は、ますます広がる。

・ 係長としてトラブルの発生を防いでいきたい。

これを答案にまとめてみましょう。

問題25の解答例

この職場には2つの問題点がある。

1つ目は、ウェブサイトに載せる情報の管理ができて

いない点である。Bは実際とは異なる休館日をウェブサイト上にアップしてしまい、周囲の誰もその点に気付いていなかった。その結果、多くの利用者に迷惑をかけることとなった。また、過去に掲載された情報にも誤りがあることがわかるなど、情報の管理がずさんである。

2つ目は、職員のSNS投稿の危機管理ができていない点である。Cは勤務時間中であるにもかかわらず、私的にSNSに投稿を行っていた。アカウントには自分が特定される情報が載っており、市民から抗議を受けることとなった。このように、SNS投稿についての認識が甘いと言える。

以上を踏まえ、私が係長であれば、次のように改善していく。

まず、ウェブサイトに載せる情報を複数の目で確認する仕組みを作ることである。具体的には、ウェブサイトに新しい情報を掲載したり更新したりする際は、アップロード前に私の元に原稿を提出してもらう。このような確認をルール化する。仮に私が出張等で不在にしている場合には、A主任に提出してもらうこととし、複数の目で情報の誤りがないかを確認する。

次に、係内の職員に対しSNS等を利用する際の研修を行う。今回の問題はC職員が起こしたものだが、他の職員もSNSのアカウントを持っており、同様のトラブルが起きる可能性がある。そこで、全員で集まり、SNSが元で官公庁や企業で起きたトラブルの事例等を紹介し、軽い気持ちで投稿したことが大きな問題につながりう

ることを認識してもらう。その上で、投稿や個人を特定できる情報の掲載はその後の影響もよく考えて慎重に行うこと、勤務時間中はくれぐれも使わないこと、などを指導する。

　ウェブサイトやSNSの利用は、今後、ますます広がっていくことが考えられる。私は係長として上記のことに取り組み、トラブルの発生を防いでいきたい。

　初めに柱を立てて、あとは4つの要素を考えながら材料を集めていくとできますね。

　そうでしょう。
　ちなみに、この答案では、「この職場には2つの問題点がある」「以上を踏まえ、私が係長であれば、次のように改善していく」のすぐ後で改行しています。「1つ目……」「まず……」以降の段落を、それぞれ一段落として立てた方が、見た目にはすっきりするからです。ただ、1行で段落を区切るのは短すぎるという考え方もできますので、ここでは改行しないというやり方もあり得ます。

　第7講まで見てきて、いろんなことを吸収できました。これなら文章が書けそうです。

終 講

「万能文章作成術」
と
頻出問題での書き方

1

一目でわかる！
万能文章作成術

「5つの手順」でおさらい

 　ここまで文章作成のノウハウをご紹介してきましたが、**最後に、今まで述べてきたことを一覧にしてみましょう。**

 　いろんな話が出たので、整理してもらえると助かります。

[一目でわかる！　万能文章作成術]

❶ 問題文の整理・理解

- まず、聞かれていることがいくつあるのかを整理する。

- キーワードとなる言葉の意味は、特に慎重に考える。

- 「踏まえ」「即して」などの、答案を書く上での条件に注意する。

- 問題がない場合は自分で設定する。その際は何を書くのか目的をはっきりさせて設定する。

- 課題文付きの出題の場合は、課題文のどこに焦点を当てて聞いているのかをよく考える。

- 図表付きの出題は、どういう立場で見るべきなのかを考える。その上で、折れ線グラフは「変化」、円グラフは「数値

の大きなところ」に着目する。

❷ 答案を構成するブロックを考える

- 基本的には、聞かれた順番でブロックを構成する。
- ただし、聞かれていることが1つで、「課題解決型」の出題のように「問題の背景」があるものは、その点に触れてから取り組みを書く（「課題解決型」の出題は基本的には「序論・本論・結論」の3段構成で収まる）。
- 全体が400字くらいになったら、別途まとめのブロックをつけても良い。なお、すでに答案としてまとまっているのであればつける必要はない。

❸ 材料集め

- 読み手の「納得」「理解」を得ることを目的として、「私はこう考える＝主張」「なぜなら＝理由」「どのように＝方法論」「例えば＝具体例」の4つの要素で材料を集める。基本となるのは「主張」であり、初めにこれを考える。
- 「例えば＝具体例」は、話を掘り下げていくときに活用できる。読み手の頭にすぐにイメージが浮かぶような例を書く。
- 4つの要素から派生して、「納得」「理解」が深まる話があれば書き込む。
- 出題が「取り組み」を聞いている場合は、中身を必ず具体的に書く。
- 出題テーマに直接関わらないことについては、具体化の優先度は低い。
- 賛否が明確に分かれる問題の場合は、逆の立場の意見に

対しても備えておくと良い。

❹ 話の並べ替えや重み付け

● 取り組みなどを複数並べて書く場合は、大事なことから先に、字数も多めに書く。慣れてきたら、この作業は❷や❸の段階で一緒に行う。

● 1つのブロックが長くなったら、段落分けする。そのときは、話を分類して、塊を作る。

● 短い話を長くするときにも、まず、話の要素を分類して、それぞれの中身を膨らませていくと良い。

● 取り組みなどを複数の段落に分けて書く場合は、「1つ目はこうである」「2つ目はこうである」と、段落の冒頭で何について述べるのかを明確にすると良い。

● 1つの段落に入れる要素は2つか3つくらいにする。要素を盛り込みすぎない。

● 話を深く掘り下げるのであれば、一段落が長くなっても良い。

❺ 文章としてまとめる

● 話の筋が通っているか、注意して書く。

● 自分の「主張」は、はっきりと言い切ることを心がける。むやみに曖昧な表現を使わない。

● 文学的な装飾はせず、必要なことを簡潔に書く。

 ここまで出た話をまとめると、このようになります。

いろんな要素がありますね。こういうことをしっかり意識して書くことが大事なんですね。

　そうです。最後に総まとめとして、この「万能文章作成術」を意識しながら、よく出る2つのタイプの問題に取り組んでみましょう。

　はい！

練習問題①
「志望動機」

志望動機は本題から入る

　1つ目の問題として、「志望動機」を取り上げてみます。これは、進学、就職、昇進などいろいろな場面で問われますからね。基本中の基本と言って良いでしょう。

　答案の考え方は、どの場面でも同じです。 もとゆき君も書いたという、大学入試の志望動機を想定して考えてみましょう。次の問題はどう考えますか？

問題
26

本学への志望動機を述べてください（800字程度）。

　まず、聞かれていることは「本学への志望動機を述べてください」と、この1つだけですね。

　志望動機は、個人的な動機を聞いているので、「問題の背景」は不要ですね。いきなり「私はこういう理由で貴学を志望する」と本題から入れば良いと。そして、800字程度だからまとめのブロックもあった方が良いのかな。

　いいですね。現時点で、以下の2つのブロックです。

　① 本学の志望動機
　② まとめ

この後はどうします？

「本学の志望動機」、ここがメインになるから、その中身をしっかり考えなきゃいけないですね。「4つの要素」で材料を集めていくと。「主張」がまず必要ですね。

ええ、そうです。なぜ、この大学を選んだんですか？

もともと、環境政策とか、持続可能な社会とかそういうことに興味があったんですよ。それで総合環境学部があるこの大学は面白そうだなと。

　だから、「私は持続可能な社会に関心があるので、貴学に入学したい」、これで、最初の「主張」は良いですかね。

はい。とりあえず、それを最初の「主張」として置いておきましょう。

　それから、「主張」に対しての「なぜなら＝理由」の部分ですよね。総合環境学部という学部があるので、興味のある分野と一致しているというのが大きかったです。他にはどんなことを挙げれば良いんでしょう？

229

「なぜこの大学を選んだのか」は、言い方を変えると「他の大学にはない、こういう魅力があるからだ」ということですね。この大学ならではの話があると良いです。ちょっとしたことでも良いですよ。

　大学案内などを見て他に興味を持ったことはないですか？　例えば、こんな先生がいるからいいなと思ったとか。オープンキャンパスに行ってこんなところがいいなと思ったとか。「具体例」を挙げてください。

　そういえば、食品ロスや、プラスチックごみなどについて専門的に研究している先生がいるのを知って、その点に興味を持ちました。あとはオープンキャンパスに参加して知ったんですが、ゼミも少人数制で、2年次から参加できるのもいいなと。

　なるほど、それを書き込みましょう。読み手の「納得感」を高めるために、もう少しこの学部に関心を持った具体例を挙げられるといいですね。そのために、例えば講義のテーマも調べておくと良いでしょう。大学案内のパンフレットなどに書いてありますし。

　何か気になったものがなかったか、覚えていますか？

　消費行動学とか環境法とか、そういう講義のテーマは目に留まりました。持続可能な社会と関係してそうだし。

　そういうことも入れておくと良いですね。それを踏まえ

て、答案の下書きをまとめてみましょう。

――――― **問題26の下書き例（前半）** ―――――

◎　志望動機（なぜこの大学を選んだのか）
・　私は持続可能な社会に関心があるので、貴学の総
　　合環境学部で学びたい（＝主張）。
・　貴学には、総合環境学部があり、持続可能な社会
　　について学べる（＝理由）。
○　具体的にこの学部に惹かれた点
・　食品ロスや、プラスチックごみなどについて専門的
　　に研究している先生方がいる。
・　学部では、消費行動学、環境法など様々な関連分
　　野の講義が提供されている。
・　専攻の決定が2年次で行われていて、少人数制の
　　ゼミを導入している点も魅力的。

「方法論」はないですが、いいですか？

　今回、答案を読む側は大学の関係者です。その人たち
に、なぜこの大学に入りたいかを「納得」「理解」しても
らうために答案を書いています。「持続可能な社会実現へ
向けての方法論」は、これから研究するわけですから、今
の段階でわかっている必要はないですよね。
　だから、その要素はなくてかまいません。

大学受験では2つの選択をしている

 じゃあ、これで下書きは完成でいいですか？

 大学の志望理由を書く場合は、答案にもうひとつ大きな要素を入れた方がいいですね。

 というと？

 実用文では、読み手の「納得」「理解」を得ることが大事だと言いましたよね。この答案では、今挙げてもらったことに加え、読み手としてはもうひとつ「納得」したいことがあるんですよ。大学を受験するときって、2つのことを選択するでしょ。

 2つの選択ですか。1つは「この大学を選んだ」ということですよね。

 それと、「どの分野に進むか」ですね。

 ああ、そうですね。

 文学、法学、経済学、理学、薬学、いろいろある中で、ある特定の分野を選択したわけですよね。ですから、「なぜその分野に興味があるのか」を知りたいのです。
　「私はこういう理由でこの分野を学びたい」、「そして数あ

る大学の中でも、貴学はここが良いから入学したい」と、
この2つの要素が納得できると、「それであなたは、うち
の大学のこの学部に進みたいんですね」と腑に落ちます。

　ということは、「主張」のところで出てきた「持続可能
な社会」になぜ関心があるのかを、はっきりさせないとい
けないですね。

　そうです。これは「理由」の部分です。この問題に関心
を持ったきっかけは何ですか？

　高校1年のときに食料品店でアルバイトをしていたんで
すよ。そのときに、毎日食品が廃棄されているのを見て、
こんなに捨ててしまうんだ、もったいないな……と思いま
した。それがそもそものきっかけですね。

「持続可能な社会に関心がある」ということを相手に納得
してもらうために、関心の内容をもっと掘り下げる必要が
ありますね。「具体化」の作業です。
　例えば、関心を持ってからこんな行動を起こしたとか、
そこからさらにこんなことを考えたとか。

　社員さんに話を聞いたことがあるんですけど、お客さん
が新しいものや傷がないものを好むからどうしても捨てざ
るを得ないと言ってました。ただ、それを廃棄するのにも
お金がかかっていますし、頭が痛いところだとも言ってま

したね。廃棄にも経費がかかっているので、すごく矛盾し
ているなと思いました。

　　　食品廃棄以外には、何か気になったことはありました
か？　**他にも「具体例」を挙げられると、より納得しても
らいやすくなります**よ。

　　　お店で仕事をしていると、プラスチックごみも気になり
ますね。もちろん商品を包むために必要なものではあるん
ですが、とにかく大量に使って、捨てていましたから。

　　　なるほど。じゃあ、ここまでの話で、答案の構成を考え
てみましょう。

問題26の下書き例（後半）

- ○ 「なぜ、持続可能な社会の実現に関心があるの
  か？」（＝理由）
- ・ 高校１年生の頃、アルバイトをしていた食料品店
  で食品が廃棄されているのを見た。そこから、食品
  ロスについて関心を持つようになったから。
- ○ 具体的な行動、関心の中身
- ・ 社員の方に話を聞いた……消費者が新しいもの、
  傷がないものを好むから仕方ない。廃棄するのに
  もお金がかかっているという矛盾。
- ・ プラスチックごみにも関心を持つようになった。
- ・ 以上の理由から、持続可能な社会の実現について

> 研究したい。

　こうして整理すると、自分が何でここを選んだのかがはっきりします。

　ここも、持続可能な社会へ向けての方策はこれから研究することなので、「方法論」の要素はなくてかまいません。

前後のつながりがある話は時系列で書く

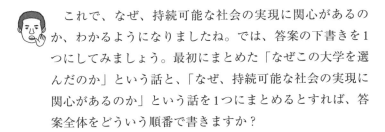　これで、なぜ、持続可能な社会の実現に関心があるのか、わかるようになりましたね。では、答案の下書きを1つにしてみましょう。最初にまとめた「なぜこの大学を選んだのか」という話と、「なぜ、持続可能な社会の実現に関心があるのか」という話を1つにまとめるとすれば、答案全体をどういう順番で書きますか？

　原則は「大事なことから先に、多めに書く」ということでしたよね。どちらが大事になるのかな……。

　この答案の場合は、その原則ではなく、例外的に時系列に沿って書いた方がいいですね。ここでは2つの選択を書きますが、それを説明すると、「まず、高校1年でこういう経験をして持続可能な社会に関心を持った。その結果、環境分野を学びたいと考えた。そこで、大学案内やオープ

ンキャンパスで調べるうちに、貴学に進学したいと考える
ようになった」という前後のつながりがあります。

**こういう場合、採点者側もそのつながりを追いながら読
んでいくので、そのままの順番で書いてもらった方が、
スッと納得・理解できます。**ここで前後のつながりを無視
して書くと読む側がついていけなくなります。他人の心理
経過を理解するのは難しいですから、できるだけ単純な構
成にしたいんです。

　なるほど、前後のつながりがある話を書く場合は、時系
列を優先して書いた方がいいと。

　ええ。これが例えば、「現在の職場であなたが上げた業
績を述べなさい」という出題だったとして、「Ａ：去年の
ちょっとした業績」「Ｂ：今年の大きな業績」の2つを書く
としたら、どうでしょう。時系列に沿って、「去年→今年」
と書きますか？　やっぱり、アピールしたい大きな業績の
方から書きたいですよね。だから、

「私は今年こんな大きな業績を上げた（Ｂ）。他に、去年もこ
んな業績を上げた（Ａ）」

こういう順番で書いた方がいいでしょう。これは、ただ
単に業績を並べているだけです。ＡとＢの話につながりが
あるわけではないので、時系列が逆になっていても読む方
は混乱しません。**普通は、このように大事なことから書け**

ばいいんです。

　文章を書く目的である、読み手の「納得」「理解」はどうすれば得られるか、そこが書くときの基準です。

そういうことか。
書く文量は、半々くらいが良いですか？

　目安としてはそうですね。ただ、全く同じ分量にするのは難しいと思いますから、一方が目に見えて短くなければ大丈夫ですよ。

─── **問題26の下書き例（全体）** ───

◎　志望動機（全体的な動機）
・　私は、持続可能な社会について研究したいと考えており、そのために貴学に進学したい（＝主張）。

○　「なぜ、持続可能な社会の実現に関心があるのか？」（＝理由1）
・　高校1年生の頃、アルバイトをしていた食料品店で食品が廃棄されているのを見た。そこから、食品ロスについて関心を持つようになったから。
○　具体的な行動、関心の中身
・　社員の方に話を聞いた……消費者が新しいもの、傷がないものを好むから仕方ない。廃棄するのにもお金がかかっているという矛盾。
・　プラスチックごみにも関心を持つようになった。

- 持続可能な社会へ向けて、問題を解決できる方法について研究したい。

○ 「なぜこの大学を選んだのか？」（＝理由2）
- 貴学には、総合環境学部があり、持続可能な社会について学べるから。
○ 具体的には？
- 食品ロスや、プラスチックごみなどについて専門的に研究している先生方がいる。
- 学部では、消費行動学、環境法など様々な関連分野の講義が提供されている。
- 専攻の決定が2年次で行われていて、少人数制のゼミを導入している点も魅力的。

◎ まとめ
- 貴学には、私が学ぶ上で理想的な環境が整っている。
- 入学後はこの環境を活かして勉学に励みたい。

　まず、**冒頭で全体として言いたいことを端的に言ってから（主張）、「なぜ、持続可能な社会に関心があるのか（理由1）」「なぜ、この大学を選んだのか（理由2）」と、順番に説明していくと良い**でしょう。

　就職の志望動機も同じです。公務員なら「なぜ公務員になりたいか」「なぜこの自治体か」、民間企業なら「なぜこ

の業界か」「なぜこの会社か」の2つを書くと良いのです。

問題26の解答例

　私は、持続可能な社会の実現に向けた方策を研究したいと考えており、貴学は、最適の環境であると考え志望した。

　私が持続可能な社会について関心を持ったのは、高校1年生のときだ。アルバイトをしていた小売店で余った食品が大量に廃棄されているのを見てショックを受けた。私はこのことをきっかけに、食品ロスについて関心を持つようになった。社員の方に話を聞き、食品ロスは店側の問題だけでなく、新しいもの、傷がないものを好む消費者の意識とも深く関わっていることを知った。食品の廃棄はもったいない上に、ごみ処理の費用負担が生じており、大きな矛盾を抱えている。他にも、包装に使われる大量のプラスチックやレジ袋なども気にかかるようになり、廃棄物の問題全般について考えるようになった。いつでもきれいに包装された商品を買えることは便利だが、一方で大量のごみが生じている。このような社会は持続できないのではないかと、考えるようになった。そして、問題を解決する方法について研究したいと強く思うようになった。

　貴学には、総合環境学部があり、持続可能な社会について深く学ぶことができる。総合環境学部には、食品ロスや、プラスチックごみなどについて専門的に研究し

ている先生方がおられるので、ぜひとも講義やゼミを通して多くのことを吸収したい。講義科目を見ると、消費行動学、環境法など様々な関連分野の講義が提供されている。廃棄物の問題は、消費者の意識や法律の問題とも深く関わるため、これらの分野も積極的に勉強したい。さらに、貴学では専攻の決定が2年次で行われる仕組みとなっている。早い段階から専門的な勉強ができる点はとても有意義である。これに加えて、総合環境学部では少人数制のゼミを導入しており、この点も魅力的である。

　以上のように貴学には、私が学ぶ上で理想的な環境が整っている。入学後はこの環境を活かして勉学に励む決意であり、貴学への入学を強く希望する。

自分の言いたいことが、はっきり書けたと感じます。ところで、「余計な装飾はしない」というルールがあったと思うんですが、「理想的な環境が整っている」や「勉学に励む決意」など、こういう表現は良いんですか？

こういう表現は「自分はこれだけ強い思いがあるんだ」ということを伝えるためのものですから、書いて良いですよ。「熱意があるな」と感じられます。**「余計な装飾はしない」というのは、回りくどい言い方や修辞的な表現のこと**です。「持続可能な社会の問題である、私が学びたいことは」（倒置法）などの表現は不要です。

3

練習問題②
「賛否が分かれる問題」

書くべきことを整理する

　もうひとつ練習問題をやってみましょう。指示がやや複雑なタイプの問題です。

**問題
27**

　国民全員に一定の金額を給付する「ベーシックインカム」についての議論が高まっています。「ベーシックインカム」のプラスの面とマイナスの面を指摘し、あなた自身はこの制度の導入についてどのように考えるか、1000字程度で意見を述べなさい。

　「ベーシックインカム」は大学の授業で聞いたことがあります。国が、国民に一定のお金を給付する仕組みですよね。例えば、国民全員がひとり毎月5万円もらえるとか。

　はい。ちょっとびっくりするような制度ですが、国がそういう形で国民に最低限の生活を保障するという考え方です。今でも、失業したら失業手当がもらえますし、子どもがいれば児童手当が支給されますが、そういう制度の代わ

りに、初めから国民全員に月々いくらかを払って生活の保障をすれば良いではないか、という考え方です。賛否が分かれる問題ですが、それについての意見を問われています。

いつものように問題文の整理からやってみましょう。

書くべきこととしては、この3つのブロックに整理できますね。

①「ベーシックインカム」のプラスの面を指摘
②「ベーシックインカム」のマイナスの面を指摘
③ あなた自身はこの制度の導入についてどのように考えるか

そうです。**この問題は指示が3つもありますから、前置きなしでそれぞれの指示に答えていけば良い**でしょう。

それと、「まとめ」のブロックはあった方がいいですよね？

1000字程度と、文章が長いですもんね。ただ、最後に制度の導入について自分の意見を書くことからすると、そのまま、まとまりそうな気もします。後で答案全体を見て、必要に応じてつけることにして、ひとまず、この3つのブロックで構成して良いでしょう。

慣れてきたら、この段階で字数配分を考えた方が良いのですが、どのようにすれば良いと思いますか？

自分の意見を多めにした方が良いですかね。

　そうですね。**最終的に自分の意見を論じるという構成ですから、ここが短いと良くない**ですね。ただ、プラス面とマイナス面も、簡単に済ませて良いわけではないです。この2つを分析した上で自分の意見を書きますから、ここもしっかり考えておかないと。だから、イメージとしては、

　　「プラス面≒マイナス面≦この制度の導入についての考え」

　こんな感じでしょうか。

なるほど。

採点者は「筋道立てて書けているか」を見ている

　では、それぞれのブロックについて、どんなことが書けそうでしょう？

　授業で勉強したところだったんで、プラス面とマイナス面のところは、割とすぐ出てきます。

問題27の下書例（ブロック①②）

◎　「プラス面」

○　貧困問題の改善につながる（＝主張1）

○　理由は？
・　ワーキングプアと呼ばれる人たちや、生活の苦しい
　　一人親家庭の人たちが存在する。
・　国民全員に一定の金額が給付されるので、生活が
　　苦しい人たちの暮らしが良くなる。

○　少子化対策になる（＝主張2）
○　理由は？
・　子育てにお金がかかるため、子どもが欲しくても持
　　てない人がいる。
・　ベーシックインカムは、子どもが多ければ世帯の
　　収入が増えるため、出生率が向上する。

◎　マイナス面
○　財政への悪影響が考えられる（＝主張1）
○　理由は？
・　巨額の予算が必要となる。現状でもかなりの部分
　　を国債に依存している上、人口減少で、今後も税
　　収は伸び悩む。国の財政をさらに悪化させる。

○　国民の勤労意欲が低下する（＝主張2）
○　理由は？
・　継続的にお金が給付されると、労働へのモチベー
　　ションが下がる。「一生懸命働かなくても良い」とい
　　う意識が国民の間に広がって、サービスや品質が
　　低下する。

良くまとめられています。

ちなみに、ベーシックインカムにはいろいろな意見が
あって、今の財政でもまかなえるとか、勤労意欲は低下し
ないとか、そういう考え方もあります。

そうなんですね。もし、こんな制度があったら、僕だっ
たらバイトは一生懸命しなくなるでしょうね。毎月お金が
入ってくるわけだし。

そういう考え方ももちろんできます。**採点者はどちらが
正しいかということを見ているのではなくて、自分の意見
が筋道立てて書けているかを見ている**んです。それができ
ていれば、どちらの考え方をとっても良いんです。

自分にツッコミを入れて書き足していく

4つの要素のうち、「方法論」「具体例」は、なくても良
いですか？

まず、「方法論」ですが、ここに書くことはプラス面と
マイナス面の指摘ですから、「どうすれば解決できるか」
という方策を書く話ではないです。だから、「方法論」は
いりません。それと「具体例」は、常に大事ですが、すで
に「理由」が割と具体的に書けています。

例えば「貧困問題の改善につながる＝主張1」の理由と

して、「ワーキングプアと呼ばれる人たちや、生活の苦しい一人親家庭の人たちが存在する。国民全員に一定の金額が給付されるので、生活が苦しい人たちの暮らしが良くなる」と、「具体的な理由」が挙げられています。

これくらいまで出ていればいいんですね。

読んでいてはっきりイメージが浮かびますから。もしこの「理由」の部分が「国民全体に現金が支給されるから」だけであれば、読んでいる人には「それって具体的にどういうこと？」という疑問が残ります。そういう場合は、自分でさらに「具体的には、どう貧困の問題が改善されるの？」というツッコミを入れて、書き足していく必要があります。**この作業が、自分でできるようになることが大事**です。

これくらいまで書いたら大丈夫だなというのが自分でわからなきゃいけないですね。

ええ。**「これで、読み手の頭にイメージが浮かぶか」を自分で問いかけてください。**この本には、たくさんの完成答案の例が載っています。これらを参考にして「このレベルまで具体化できればいいんだな」という水準をつかんでください。

では、最後のブロックについてはどうでしょう？

自分の考えとしては、反対かなと。

 　それが、「主張」の部分ですね。「なぜ」そう考えるんですか？

 　この制度を取り入れるのは、リスクが大きすぎると思いますね。

 　リスクには、「具体的」にどういうことが考えられますか？

 　巨額の予算が必要ですし、下手をしたら将来増税される可能性もあるのでは。

 　なるほど。そうなると本末転倒ですね。他には？

 　それに一度導入すると、うまくいかなくても簡単には元に戻せないですよね。大混乱になるだろうし。

 　それも大きなリスクですね。

 　あと、もしこの制度で働く意欲が低下してしまうと、それを元に戻すのも簡単じゃないと思います。

 　それもリスクとしてありますね。

逆の意見に対しては、具体的に反論・提案する

　それと、**こういう賛否が明確に分かれる問題の場合、逆の意見に対しても備えておくと良い**ですね。今回は、リスクが大きいということで、ベーシックインカムには反対の立場をとりました。では、「貧困対策や少子化対策に効果があるじゃないか、この問題は無視して良いのか」という意見に対してはどうします？

　うーん、それは今ある支援制度などをもっと良くすることで解決すべきだと思います。

　反対側の意見の人を「納得」させるためには、「具体的」な提案が必要ですね。例えばどんな支援制度ですか？

　授業で最低賃金という基準があると習ったんですが、それを引き上げるとか。あとは、保育園の数を増やしたり、子どもの医療費の助成を増やしたり、といったやり方です。

　今の枠組みの中での改善をする、という考え方ですね。ここまでを、下書きでまとめてみましょう。

問題27の下書き例（ブロック③）

◎　「この制度の導入についてどのように考えるか」

○　私は「ベーシックインカム」には反対だ（＝主張Ⅰ：

　　メインの意見）
○　なぜか？
・　導入のリスクが大きすぎる。
○　具体的には？
・　予算が不足し将来的に大幅に増税される可能性。
・　一度導入すると、問題が起きても簡単には元に戻せない。
・　勤労意欲についても、一度失われてしまうと元に戻すのは容易でない。

○　貧困対策や少子化対策は、今の枠組みの中で支援策を充実させるべき（＝主張2：逆の意見に対しての備え）
○　具体的には？
・　最低賃金を引き上げる、保育園の数を増やす、子どもの医療費の助成を増やす。現在の制度の中で、改善を進めていくべき。

　　しっかり意見が整理されましたね。これにまとめのブロックをさらにつけるかですが、どう思います？

　　これで十分まとまったなという印象なので、なくて良いと思います。

　　そうですね。このままで終わって良いと思います。な

お、もし字数が余ったら、念押しで加えることも可能です。

問題27の解答例

　ベーシックインカムのプラス面として、貧困問題の改善につながる点が挙げられる。国内には、働いても豊かになれないワーキングプアと呼ばれる人たちや、生活の苦しい一人親家庭の人たちが存在する。国民全員に一定の金額が給付されることで、こうした人たちの暮らしが良くなることが期待できる。また、少子化対策としても有効である。子育てには、食費や医療費、教育費など様々な費用がかかる。経済的に余裕のない若年層は、子どもが欲しくても持てないという現実がある。ベーシックインカムは、国民一人ひとりにお金を給付するため、子どもが多ければ世帯の収入が増えることになる。このため、出生率が向上する効果が期待できる。

　一方で、マイナス面として財政への悪影響が考えられる。定期的に国民全員への給付を続けていくためには巨額の予算が必要であり、歳入面での裏付けが求められる。日本の財政は、現状でもかなりの部分を国債に依存している。人口減少が進む中、今後税収が増大していくことは考えにくい。結果として、国の財政をさらに悪化させる可能性がある。もうひとつの問題として、国民の勤労意欲の低下も考えられる。継続的に一定のお金が給付されることで、労働へのモチベーションが下が

る可能性がある。「一生懸命働かなくても良い」という意識が国民の間に広がれば、サービスや品質が低下し、産業全体が揺らぐことになる。

　これらを踏まえ、私自身は「ベーシックインカム」には反対である。貧困対策などに一定の効果があることは確かだが、導入のリスクが大きすぎるからである。財政状況が厳しい中、このような制度を導入すると、予算が不足し将来的に大幅に増税されるかもしれない。そうなると本末転倒である。一度導入すると、制度上の問題が明らかになったとしても簡単には元に戻せない。これは勤労意欲についても同じで、一度失われてしまうと元に戻すのは容易なことではない。このように、ベーシックインカムは効果に対してのリスクが大きすぎる。

　貧困対策や少子化対策は重要だが、今の枠組みの中で、支援策を充実させるべきである。例えば最低賃金を引き上げる、保育園の数を増やす、子どもの医療費の助成を増やす、といったやり方である。貧困や少子化の問題は、現在の制度下でも改善することが可能であり、ベーシックインカムの導入で解決すべきではない。

　言うまでもないですが、賛成の立場から書いても、もちろん良いです。

　「一目でわかる！万能文章作成術」（224ページ）の中に、手順が全部織り込まれているので、助かります。これを参

考にします。

 はい。必要なときにはいつでも目を通してください。

 ありがとうございました！

【著者略歴】

今道琢也（いまみち・たくや）

インターネット上で開講する「ウェブ小論文塾」代表。高校時代小論文作成に力を入れ、文章術の基礎を固める。大学入試、就職試験、いずれも敢えて小論文があるところを受験し、突破する。京都大学文学部で国語学・国文学を専攻し、卒業後はNHKに採用される。15年間アナウンサーとして勤務した後に独立し、「ウェブ小論文塾」を創業する。小論文をはじめ、エントリーシート（ES）、面接カード、履歴書、各種申請書に至るまで、あらゆる文章の書き方を指導し、受講生から圧倒的な支持を得ている。著書に『全試験対応！ 直前でも一発合格！ 落とされない小論文』（ダイヤモンド社）、『合格答案はこう書く！ 公務員試験小論文 頻出テーマ完全攻略 2023年度版』（高橋書店）、『昇進試験小論文合格法 何をどう書けば受かるのか』（自由国民社）などがある。

■ ウェブ小論文塾について

当塾では、大学入試、公務員・教員試験、昇進試験の小論文指導の他、就職活動でのエントリーシート、面接カードなど、あらゆる文章作成の指導を行っております。答案提出の翌日から3日以内の返却を実現し、好評を博しています。関心のある方は当塾サイトをご覧ください。

https://www.ronbun.net/

文章が苦手でも「受かる小論文」の
書き方を教えてください。

2021年5月30日　第1刷発行

著者	今道琢也
発行者	三宮博信
発行所	朝日新聞出版 〒104-8011 東京都中央区築地5-3-2
	電話 03-5541-8814（編集）03-5540-7793（販売）
印刷所	大日本印刷株式会社

©2021 Takuya Imamichi
Published in Japan by Asahi Shimbun Publications Inc.
ISBN978-4-02-331953-0